新时代智库出版的领跑者

感谢国家社科基金“‘一带一路’沿线国家信息数据库”重大专项支持
（项目号：17VDL001，项目组长：刘元春）

本丛书为国家社科基金重大研究专项“推动绿色‘一带一路’建设研究”
（项目号：18VDL009）、国家社科基金一般项目“新时代中国能源外交战略研究”
（项目号：18BGJ024）的阶段性成果

智库 中社
国家智库报告 2023（22）
National Think Tank
"一带一路"区域国别丛书 17
总主编 刘元春 执行主编 许勤华

中国人民大学
国家发展与战略研究院
National Academy of Development and Strategy, RUC

全球价值链中的泰国：现状与前景

罗仪馥 著

THAILAND IN GLOBAL VALUE CHAINS:
STATUS-QUO AND PROSPECTS

中国社会科学出版社

图书在版编目(CIP)数据

全球价值链中的泰国：现状与前景 / 罗仪馥著．—北京：中国社会科学出版社，2023.6

（国家智库报告）

ISBN 978-7-5227-1628-2

Ⅰ．①全…　Ⅱ．①罗…　Ⅲ．①区域经济合作—国际合作—研究—中国、泰国　Ⅳ．①F125.4②F133.654

中国国家版本馆 CIP 数据核字(2023)第 087264 号

出 版 人　赵剑英
项目统筹　王　茵　喻　苗
责任编辑　范晨星　范娟荣
责任校对　刘　娟
责任印制　李寡寡

出　　版　中国社会科学出版社
社　　址　北京鼓楼西大街甲 158 号
邮　　编　100720
网　　址　http://www.csspw.cn
发 行 部　010-84083685
门 市 部　010-84029450
经　　销　新华书店及其他书店

印刷装订　北京君升印刷有限公司
版　　次　2023 年 6 月第 1 版
印　　次　2023 年 6 月第 1 次印刷

开　　本　787×1092　1/16
印　　张　8.25
插　　页　2
字　　数　101 千字
定　　价　45.00 元

中国人民大学国家发展与战略研究院
“一带一路”区域国别丛书
编 委 会

总　序

中国人民大学国家发展与战略研究院“一带一路”研究中心集中国人民大学国际关系学院、经济学院、环境学院、财政金融学院、法学院、公共管理学院、商学院、社会与人口学院、哲学院、外国语学院和重阳金融研究院的相关人文社科优势学科团队共二十位研究员，组成了中国人民大学国家高端智库领导下的全校“一带一路”研究的整合平台和多学科研究团队，着力于提供“一带一路”倡议的智力支持，为学校“一带一路”研究、区域国别学科和国家安全学科建设作出贡献。

团队围绕“一带一路”建设与中国国家发展、“一带一路”倡议对接沿线国家发展战略、“一带一路”倡议与新型全球化、“一带一路”倡议关键建设领域（基础设施投资、文明互鉴、绿色发展、风险治理、区域整合）四大议题展开研究，致力于构建“一带一路”沿线国家信息数据库，并在大数据基础上，深入分析沿线国家军事、政治、经济、社会和环境变化，推出“一带一路”区域国别丛书年度系列，为促进“一带一路”建设夯实理论基础，提供政策制定的智力支撑。国别报告对“一带一路”地区关键合作64个对象国进行分类研究，规划为文化系列、安全系列和金融系列三个系列。

习近平主席倡导国与国之间的文明互鉴，强调文化共融是国际合作成败的基础，深入了解合作国家的安全形势是保障双方合作顺利的前提，资金渠道的畅通是实现“一带一路”建设共商、共建、共享的关键。当今世界正在经历百年未有之大变局，“一带一路”倡议面临着巨大的机遇与挑战，因此我们首先完成国别研究的安全系列，希冀为“一带一路”合作保驾护航。在国家社科重大项目“‘一带一路’沿线国家信息数据库”（项目组长刘元春教授）完成后，数据库将在条件成熟时，尝试以可视化形式在国发院官网呈现。这也是推出国别报告正式出版物的宗旨。国发院积极为国内外各界提供内部政策报告以及产学研界亟需的社会公共研究产品，作为“世界一流高校”为国家社科建设贡献一份力量。

感谢全国哲学社会科学工作办公室的信任，感谢项目其他两个兄弟单位上海社会科学院和兰州大学的协作，三家在“一带一路”建设重大专项国别和数据库项目研究中通力合作、充分交流，举办了各类学术交流活动，体现了在全国哲学社会科学工作办公室领导下的一种成功的、新型的、跨研究机构的合作研究形式，中国人民大学能够作为三家单位合作研究的秘书处单位深感荣幸。

项目执行组长　许勤华

中国人民大学国际关系学院教授

中国人民大学国家发展与战略研究院副院长

中国人民大学欧亚研究院执行院长

摘要：本报告探讨了泰国参与全球价值链（GVC）的现状特征，从国内和国际两个层面分析了造就泰国在全球价值链中地位现状的成因。在此基础上，结合现阶段国际与泰国国内的政治经济形势，研判该国参与全球价值链所面临的机遇与挑战。从国际贸易角度解读，泰国融入全球价值链的程度与深度逐渐强化，但若将跨国投资纳入考量，泰国在某种意义上又是游离于全球价值链之外的。国内层面的物质性与制度性条件以及国际层面的经济全球化与区域经济一体化等因素共同造就了泰国参与全球价值链的这一矛盾性现状。当前及未来一段时间内，泰国参与全球价值链所面临的机遇主要包括两个方面，一是区域全面经济伙伴关系协定（RCEP）生效对区域经济一体化的促进作用，二是数字经济作为一种新经济形态的兴起为泰国参与全球价值链创造新的空间。与此同时，未来泰国参与全球价值链还将面临四个方面的挑战，分别是世界贸易组织（WTO）发展受阻背景下的逆全球化浪潮、新冠疫情对国际分工网络的冲击、越南等新兴发展中国家的崛起给泰国带来的竞争压力以及泰国本身的经济社会发展短板等。为突破在全球价值链中的地位困境，泰国可以从以下三个方面采取对策，包括持续加强对亚太尤其是东亚区域经济合作的参与，加强与中国的“一带一路”国际合作并为泰国产业与经济的转型发展注入持续动力，以及在国内层面加强基础设施建设和加大人才培养与技术创新投入力度以增强自主实现产业转型升级的能力等。

关键词：全球价值链；国际贸易；跨国投资；产业发展；中泰“一带一路”合作

Abstract: The book analyses the status-quo and characteristic of Thailand's participation in global value chain (GVC) and its causes from both domestic and international perspectives. On this basis, the book then discusses the opportunities and challenges faced by Thailand in participating in the GVC, in combination with the current international political and economic situation and the country's domestic conditions. From the perspective of international trade, the scale and degree of Thailand's integration into the GVC are gradually expanding and strengthening. But when transnational investment is taken into account, Thailand's production activities are to a large extent dominated by foreign enterprises and the country is in essence dissociated from the GVC. The material and institutional conditions at the domestic level, as well as the economic globalization and regional economic integration at the international level, have jointly created the contradictory situation of Thailand's participation in GVC. At present and in the future, the opportunities Thailand faces in participating GVC mainly show in two aspects. Firstly, RCEP takes into effect and promotes regional economic integration. Secondly, the rise of digital economy creates new space for Thailand to participate in GVC.

Thailand's future participation in GVC will also face some challenges, namely, the wave of deglobalization with WTO development blocked, the impact of COVID-19 on the international division of labor network, the competitive pressure on Thailand caused by the rise of emerging developing countries such as Vietnam, and Thailand's weaknesses on economic and social development. In order to break through the dilemma of GVC participation, Thailand can take countermeasures from the following three aspects. Firstly, continuously strengthen its participation in the economic cooperation in the Asia Pacific region, especially in East Asia. Secondly, strengthen international cooperation with China on the Belt and Road Initiative to inject impetus into Thailand's industrial and economic transformation and development. Thirdly, strengthen infrastructure construction and increase investment in talent training and technological innovation at the domestic level to enhance the ability to independently achieve industrial transformation and upgrading.

Key Words: Global Value Chain; International Trade; Transnational Investment; Industrial Development; Sino-Thailand Cooperation on the Belt and Road Initiative

目　录

前　言

全球价值链（Global Value Chain，GVC）或全球产业链（Global Industrial Chain）重构是当前国际政治经济学研究的一大重要主题，也是近年来中国与有关国家在共建“一带一路”倡议的实践中无法回避的问题。一方面，“一带一路”倡议通过加强中国与沿线国家在贸易、投资和产能等方面的合作，有助于改变相关国家在全球价值链上的地位；[①] 另一方面，与“一带一路”沿线国家合作构建以中国为中心的全球价值链或产业链，是全面推进“一带一路”建设的微观基础。[②] 而在

---

① 吴福象、段巍：《国际产能合作与重塑中国经济地理》，《中国社会科学》2017 年第 2 期；黄先海、余骁：《以“一带一路”建设重塑全球价值链》，《经济学家》2017 年第 3 期；刘志彪、吴福象：《“一带一路”倡议下全球价值链的双重嵌入》，《中国社会科学》2018 年第 8 期。

② 刘志彪：《构建“一带一路”包容性全球价值链》，《全球商业经典》2019 年第 9 期；马涛、陈曦：《“一带一路”包容性全球价值链的构建——公共产品供求关系的视角》，《世界经济与政治》2020 年第 4 期。

全球价值链或产业链研究中，相关学者所关注的国家多以价值链上少数几个输出国（或者上游国家）为主，对于在价值链上处境相对被动但同样发挥重要作用的国家关注相对较少，东南亚国家就是后者的典型代表。

在东盟十国中，除新加坡外，现阶段其他九国都属于发展中国家，因此该地区的总体经济发展水平尚且存在较大的上升空间。虽然东南亚国家经济起飞的时间存在先后之分，但各国融入世界经济体系的方式较为相似，即主要通过实施出口导向工业化（export-oriented industrialization）发展战略推进经济开放，逐步成为全球产业链中的一环并在其中扮演“加工制造厂”的角色。不过，基于东南亚各国资源禀赋和出口结构的差异，目前这些国家参与全球产业链的主体部门或主要制造业/工业类型有所不同，大致可以分为自然资源型（如文莱、老挝与缅甸）、低端技术产品制造型（如越南、柬埔寨）、中端技术产品制造型（如马来西亚、泰国、印度尼西亚和菲律宾）和高端技术产品制造型（如新加坡）四种情况。①

泰国的经济发展水平中等偏上，在东南亚地区处于相对容易被忽视的“中间”状态。一方面，与越南、柬埔寨等新兴发展中国家相比，泰国虽然工业化

① 李颖婷、崔晓敏：《亚洲产业链：现状、演变与发展趋势》，《国际经济评论》2021 年第 2 期。

与经济发展水平相对较高，但近年来逐渐陷入“中等收入陷阱”的现实处境与越南等国经济增长的强劲势头形成了鲜明对比，泰国受到世界各国尤其是跨国经济行为体的关注程度相对下降；另一方面，与东南亚地区工业化与经济发展水平相对较高的新加坡等国相比，泰国的产业与经济竞争力总体较弱，在参与全球价值链或产业链的过程中发挥能动性的空间较小，因此也较难引起跨国经济活动的实践者与研究者的高度关注。

在东南亚地区，与泰国一样处于这种“双重挤压”的处境下的国家还包括马来西亚、印度尼西亚和菲律宾等，但泰国作为一个国别案例的典型性更加突出。具体而言，在东亚“四小虎”中，泰国陷入“中等收入陷阱”的特征或表现最为明显：该国在20世纪70年代末进入中等收入阶段后，经济增长迅猛，曾被视为东亚“四小虎”（马来西亚、泰国、印度尼西亚和菲律宾）中最有潜力赶及“四小龙”（韩国、新加坡、中国香港和中国台湾）的国家；但自90年代末期以来，泰国长期处于经济增长低迷的状态，国内生产总值（GDP）增长率一度低于马来西亚、印度尼西亚和菲律宾。① 此外，该国人口规模和领土面积在“四小虎”中处于中间水

① 各国GDP增长率的详细数据请参见UNCTAD（https：//unctad.org/statistics）。

平，或者说泰国在这些基础条件上不具有特殊性，这也在一定程度上增强了泰国案例的代表性。

从“一带一路”国际合作的角度看，泰国是中国与东南亚国家共建“一带一路”的示范性国家之一。这主要表现在近年来中国与泰国在基础设施建设、贸易往来、产能投资与政策对接等多个方面的合作均取得较为突出的成果。理解中泰两国“一带一路”国际合作取得成效的成因及可能面临的客观阻碍，必须以厘清泰国在国际政治经济格局中的地位为前提，而全球价值链正是观察一国所处国际政治经济地位的关键视角。①

简言之，关注与分析泰国在全球价值链中的地位，具有理论上与政策上的双重价值。从理论与学术研究角度看，这有助于在充分掌握“中心国家”与“边缘国家”详细情况的基础上，补充在国际社会中处于中心与边缘之间的“中间国家”的有关案例。② 从政策

① 近年来，国际关系研究尤其是国际政治经济学（IPE）研究领域涌现了一些从全球价值链角度探讨国际政治经济格局与国家地位的成果，这些成果普遍认为，一国在全球价值链中所处的地位赋予了该国特定的国际政治与经济权力。相关文献如庞珣、何倩倩：《全球价值链中的结构性权力与国际格局演变》，《中国社会科学》2021 年第 9 期；鞠建东、余心玎、卢冰、李昕：《全球价值链网络中的“三足鼎立”格局分析》，《经济学报》2020 年第 4 期。

② “中间国家”类似于依附理论或世界体系理论中的“半边缘国家”。这类国家相对于“中心国家”与“边缘国家”而言较容易被忽视。

与外交实践角度看，本报告也有助于围绕中国如何在全球价值链或全球产业链重构的背景下，与有关国家推进共建“一带一路”提出一些更有针对性的政策建议。

本报告基于“全球价值链中的泰国”这一主题，重点围绕以下三个方面的问题展开：第一，泰国在全球价值链上占据何种地位？这种地位具有什么特征？第二，泰国在全球价值链上的地位是如何形成的？或者说形成这种地位的国内基础与国际条件是什么？第三，未来泰国参与全球价值链的前景如何？包括泰国在国际国内新形势下融入全球价值链所面临的机遇与挑战等。在回答这一系列问题的基础上，结论与启示部分还针对泰国如何改变其在全球价值链中的地位，以及中泰两国如何在“一带一路”框架下加强价值链合作提出若干政策建议。

本报告是国家社科基金重大专项“‘一带一路’沿线国家数据库”的部分成果，其中一部分内容已见刊于《南洋问题研究》（2022 年第 1 期）。我衷心感谢中国人民大学国家发展与战略研究院对本报告出版的支持，感谢人大国发院许勤华副院长、郑云天副教授在本报告出版过程中给予帮助。2019 年，我在中国人民大学国际关系学院李巍教授的鼓励、指导下以及中国人民大学研究生院和科研处的资助下，先后两次赴泰国曼谷、清迈等地参加会议与调研，在此基础上形成了对本报告的初步构想，特此致谢。受限于时间、精力与学识水平，本报告难免存在疏漏，恳请读者与同仁包涵并不吝赐教。

一　泰国参与全球价值链的现状特征

全球价值链是跨国贸易、投资与生产活动的集中载体，也是观察与分析一国参与国际经济深层表现的重要工具。探索泰国参与全球价值链的情况及其在全球价值链中的地位，大致可以从国际贸易、直接投资与跨国生产等角度展开，[①] 但由于泰国的跨国生产活动

---

① 增加值贸易视角下的相关研究包括：Robert Koopman, Zhi Wang and Shang-Jin Wei, "Tracing Value-Added and Double Counting in Gross Exports", *American Economic Review*, Vol. 104, No. 2, 2014, pp. 459 –94；王直、魏尚进、祝坤福：《总贸易核算法：官方贸易统计与全球价值链的度量》，《中国社会科学》2015 年第 9 期；庞珣、何晴倩：《全球价值链中的结构性权力与国际格局演变》，《中国社会科学》2021 年第 9 期；苏庆义：《全球价值链：测度与应用》，中国社会科学出版社 2021 年版。国际投资视角下的相关研究例如：Christine Zhenwei Qiang, Yan Liu and Victor Steenbergen, "An Investment Perspective on Global Value Chains", World Bank：Washington, D. C., 2021，等等。跨国产业分工视角下的相关研究例如：Joonkoo Lee, "Global Commodity Chains and Global Value Chains", in Robert A. Denemark ed., *The International Studies Encyclopedia*, Oxford：Wiley Blackwell, 2010, pp. 2987 – 3006；Jeffrey Neilson, Bill Pritchard and Henry Wai-chung Yeung, "Global Value Chains and Global Production Networks in the Changing International Political Economy：An Introduction", *Review of International Political Economy*, Vol. 21, No. 1, 2014, pp. 1 –8。

主要以发达国家或工业化国家对泰直接投资与布局生产基地等形式呈现，直接投资与跨国生产两个视角可以进一步融合起来。本章前两节将重点从国际贸易和跨国投资两个视角细致梳理泰国参与全球价值链的情况，在此基础上，第三节将致力于总结分析泰国在全球价值链中的地位特征。

（一）国际贸易视角下泰国对全球价值链的参与

全球价值链中的国际贸易研究主要关注中间产品贸易和增加值贸易两大方面。这两种贸易统计方式虽然存在密切关联，但侧重点各有不同。其中，中间产品贸易强调的是贸易产品的类型或属性，它与初级产品贸易和最终消费品贸易共同构成货物贸易的三种类型。中间产品贸易的优点是能够直观地呈现国家之间在跨国供应链中的上下游关系，但也存在一定的不足，即无法清晰地反映产品价值的国别构成。增加值贸易侧重于衡量参与贸易活动的国家所获收益，它虽然无法区分初级产品、中间产品与最终消费品各类商品的进出口情况，但可以体现不同国家创造增加值的总体能力差异，由此更为直观地呈现各国参与全球价值链的广度与深度。基于此，为了全面地展现国际贸易视角下泰国参与全球价值链的情况，需要同时关注中间产品贸易和增加值贸易两个方面。

1. 泰国中间产品贸易情况

从中间产品贸易情况来看，近十年来泰国对全球价值链已实现较大规模的融入，而且融入状态趋于稳定，即贸易规模与结构等未发生大幅度变动。图 1－1 和表 1－1 分别呈现了 2011—2020 年泰国中间产品进出口规模及其分别在所有商品进出口规模中的占比情况，以及中间产品贸易的商品结构，综合起来包含以下特点或趋势。

（1）泰国中间产品进口规模

近年来，泰国中间产品进口规模与占比都比较大，且总体呈现小幅度波动上涨的变化趋势。具体而言，泰国中间产品进口规模大致处于 1700 亿—2600 亿美元之间，占商品总进口额的比重在 68%—76% 区间内浮动。作为对比，同在东南亚地区且经济发展水平与泰国较为接近的马来西亚和印度尼西亚在中间产品贸易规模方面稍显逊色。马来西亚和印度尼西亚在 2020 年的中间产品进口额分别为 1294.94 亿美元和 952.70 亿美元，分别占其商品总进口额的 68% 和 67%，无论是规模还是比重都略小于泰国。[①]

---

① 详细数据请参见 UN Comtrade Database（https：//comtrade.un.org/）。

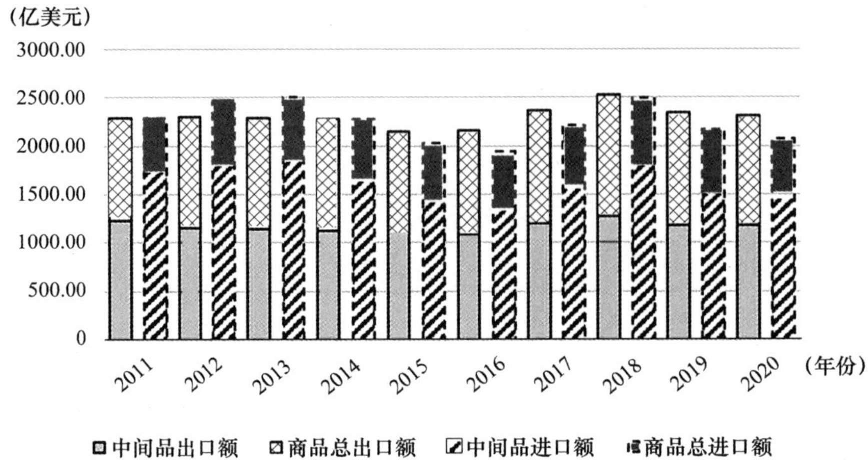

图 1－1　2011—2020 年泰国中间产品进出口与商品总进出口情况

注：根据经济大类（Broad Economic Categories，BEC）分类统计标准，贸易的商品划分为资本品、中间产品和消费品三大类，其中中间产品包括以下八类：111 主要用于工业的初级食品和饮料；121 食品和饮料（加工，主要用于工业）；21 其他地方未规定的工业用品（初级）；22 其他地方未指定、加工的工业用品；31 初级燃料和润滑剂；322 加工燃料和润滑剂（除汽油外）；42 资本货物及其零附件（运输设备除外）；53 运输设备及其零附件，详见"5th revision of the Classification by Broad Economic Categories（BEC）"，UN Trade Statistics，https：//unstats. un. org/unsd/trade/classifications/bec. asp。

资料来源：UN Comtrade Database。

表 1－1　2011 年与 2020 年泰国进口、出口中间产品结构对比　（单位:%）

商品类别	进口		出口	
	2011 年	2020 年	2011 年	2020 年
111 主要用于工业的初级食品和饮料	0. 86	1. 46	0. 16	0. 36
121 食品和饮料（加工，主要用于工业）	0. 53	0. 56	1. 46	0. 94
21 其他地方未规定的工业用品（初级）	1. 93	1. 51	6. 94	2. 53
22 其他地方未指定、加工的工业用品	36. 24	36. 16	26. 70	29. 78
31 初级燃料和润滑剂	16. 33	10. 01	0. 60	0. 17

续表

商品类别	进口		出口	
	2011 年	2020 年	2011 年	2020 年
322 加工燃料和润滑剂（除汽油外）	1. 12	2. 03	0. 09	0. 18
42 资本货物及其零附件（运输设备除外）	13. 57	12. 38	11. 03	8. 79
53 运输设备及其零附件	5. 06	5. 64	6. 99	8. 23
非中间产品	24. 36	30. 25	46. 03	49. 02
所有产品合计	100	100	100	100

资料来源：UN Comtrade Database。

（2）泰国中间产品进口的商品结构

泰国规模最大的部门是第二大类“工业用品”，尤其是该门类下的“其他地方未指定、加工的工业用品”（表 1 - 1 第 22 类），在中间产品进口额中所占比重长期稳定地超过 36%；其次是“初级燃料和润滑剂”以及“资本货物及其零附件（运输设备除外）”部门（表 1 - 1第 31 类和第 42 类），但 2011—2020 年，这两大门类下中间品的进口规模及其占比都略有下降；再次是“运输设备及其零附件”（表 1 - 1 第 53 类），其规模和比重在过去十年间都有所增长。

（3）泰国中间产品出口规模

中间产品出口是泰国商品总出口的最大组成部分，规模变化幅度总体较小。在这十年间，泰国中间产品规模总体在 1000 亿—1300 亿美元波动，占商品总出口额的比重也稳定在 48%—53%。与进口的情况相反，泰国的中间产品出口能力与马来西亚、印度尼西亚等国相比总体较低。2020年，马来西亚中间产品出口额1599.70亿美元，占总出口额比重为68%；而印度尼西亚的中间产品出口额为1160.70亿美元，虽略低于泰国，但占比却高达71%，比泰国高出约20%。[①]

（4）泰国中间产品出口的商品结构

与进口的情况相似，泰国中间产品出口的部门也以“其他地方未指定、加工的工业用品”“资本货物及其零附件（运输设备除外）”和“运输设备及其零附件”为主。三者在2011年的出口额占中间产品总出口规模的比重依次为26.70%、11.03%和6.99%；至2020年，又依次变为29.78%、8.79%和8.23%。除“资本货物及其零附件”的规模与占比略有下降外，其余两类产品的规模和比重都有所扩大。

（5）泰国中间产品贸易收支差额

泰国中间产品贸易长期处于逆差状态，即中间产品进口额明显高于出口额。2011—2020年，泰国中间产品贸易逆差额大致在200亿—700亿美元之间，总体呈现波动下降的趋势。相比较下，马来西亚和印度尼西亚的中间产品贸易则呈现出顺差格局。尽管顺差规模并不庞大，2020年两国顺差额

① 详细数据请参见UN Comtrade Database（https：//comtrade.un.org/）。

分别为305亿美元和208亿美元，[①] 但这已经足以说明马来西亚和印度尼西亚的中间产品生产能力总体上略比泰国突出。

中间产品的多次出入境是全球价值链运作的主要特点之一，[②] 中间产品贸易不以最终消费为目的，而主要服务于各国内部的加工生产。泰国中间产品贸易规模与比重变化以及横向比较结果说明，产业内与产品内贸易已逐渐取代产业间贸易成为泰国对外贸易活动的支柱，这是泰国融入全球价值链或全球产业链的直观表现。此外，从进口与出口情况的对比结果来看，相比于中间产品生产，泰国从事加工组装环节的优势与能力相对突出，说明泰国在全球价值链上总体仍处于中下游地带；不过，中间产品出口规模与占比的小幅度扩大或增加，也反映了过去十年间泰国正在全球价值链上实现小范围的地位升级，只是现阶段这种升级仍局限在中下游地带。

2. 泰国增加值贸易情况

对增加值贸易的分析，一般主要围绕以下三个指标展开：一是“本国出口中的本国增加值”（DVA）；

---

① 详细数据请参见UN Comtrade Database（https：//comtrade. un. org/）。

② 余心玎、杨军、王苒、王直：《全球价值链背景下中间品贸易政策的选择》，《世界经济研究》2016年第12期。

二是“本国出口中的他国增加值”（FVA），也称一国参与全球价值链的后向关联（backward linkage），两者之和为本国的“增加值总出口”；三是“他国出口中的本国增加值”（DVX），也称一国参与全球价值链的前向关联（forward linkage）。图1－2和图1－3分别呈现了2009—2018年泰国在这四个指标上的表现。

（1）泰国增加值出口构成

泰国增加值总出口规模总体呈现扩大趋势，其中他国创造的增加值规模小于本国创造的增加值。如图1－2所示，在泰国的增加值总出口中，由他国创造的增加值占比相对较小，且从2009年的32%下降至2018年的31%；由本国创造的增加值占据相对较大的比重，且在这一时间段内略有上升。

（2）泰国在全球价值链中的前向、后向关联

泰国参与全球价值链的规模有所扩大，其中后向关联规模明显大于前向关联规模。如图1－3所示，2009—2018年，泰国的后向关联规模由487.65亿美元逐渐增长至812.11亿美元，年均增长率约为5.8%；前向关联规模则由328.45亿美元波动增长至559.79亿美元，年均增长率约为6.1%。

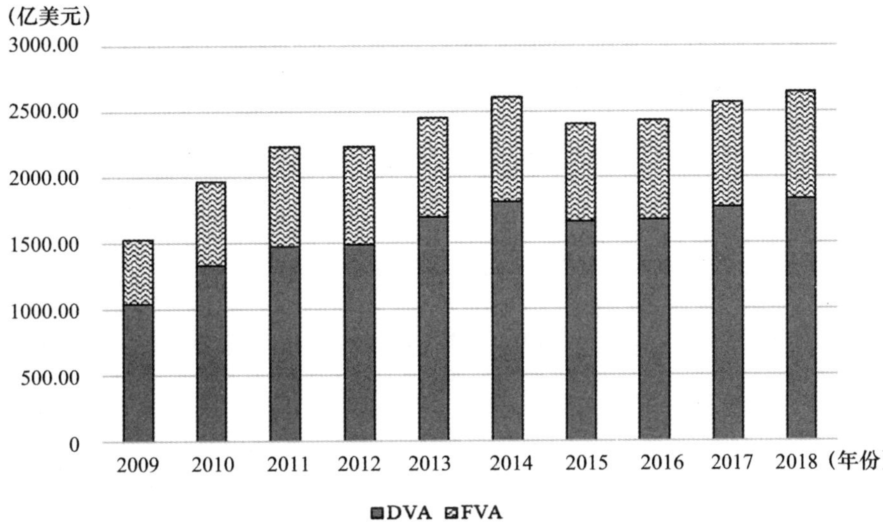

图 1－2　2009—2018 年泰国增加值总出口分布情况

资料来源：UNCTAD－Eora Global Value Chain Database。

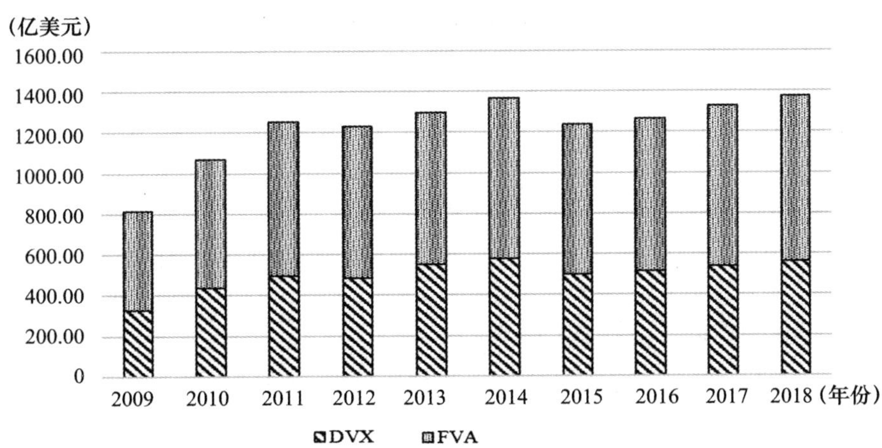

图 1－3　2009—2018 年泰国参与全球价值链的前向与后向关联规模

资料来源：UNCTAD-Eora Global Value Chain Database。

（二）跨国投资视角下泰国对全球价值链的参与

跨国投资视角聚焦于外国直接投资及其对泰国参与国际生产分工的影响。与大多数东南亚国家相似，泰国主要通过转向出口导向型发展战略，并在发达国家对外产业转移的契机下实现经济起飞。[①] 因此，对泰国参与全球价值链的分析，离不开对外国直接投资与外资企业的讨论。

1. 泰国吸引外国直接投资概况

20 世纪 70—80 年代，为配合出口导向型发展战略的全面推进，泰国政府开始修改或新制定有关外国投资的法规。但在 20 世纪 90 年代以前，泰国所利用的外资总体上以贷款为主，直接投资为辅。1960—1990 年，外国贷款在泰国累计利用外资总额中所占比重高达 78.6%，而外国直接投资的占比尚不足 21.8%。[②]

① Kiyoshi Kojima, "The 'Flying Geese' Model of Asian Economic Development: Origin, Theoretical Extensions and Regional Policy Implications", *Journal of Asian Economics*, Vol. 11, Issue 4, 2000, pp. 375 -401；徐建国、吴洪主编：《东南亚国家经济发展研究》，云南科技出版社 1988 年版，第 283—288 页；王正毅：《边缘地带发展论：世界体系与东南亚的发展》（第二版），上海人民出版社 2018 年版，第 124—184 页。

② 韩锋：《泰国经济的腾飞》，鹭江出版社 1995 年版，第 156 页。

20 世纪 80 年代末期，面对日元升值、日本和东亚“四小龙”加大对外投资与产业转移力度的国际机遇，泰国政府进一步放宽对外资的限制，出台更加优惠、便利的投资政策，泰国由此迎来了外国直接投资的高潮。1988 年，泰国吸引外国直接投资流量年增长率高达 212.4%，1990 年也首次突破 20 亿美元，达到 25.8 亿美元。[①] 图 1－4、表 1－2 和表 1－3 分别呈现了近年来泰国吸引外国直接投资（FDI）的规模、国别分布与产业分布情况，结合横向比较的一些信息，泰国吸引外国直接投资主要呈现以下三个方面的特点。

（1）泰国吸引外来直接投资的规模

2009 年以来，泰国 FDI 流量波动明显，但吸收 FDI 存量的表现较为突出。如图 1－4 所示，除去 2020 年新冠疫情蔓延导致全球直接投资普遍萎缩这一特殊情况，泰国在 2009—2019 年吸引外国直接投资流量在最低年份（2011 年）仅为 13.7 亿美元，在最高年份（2013 年）又多达 154.93 亿美元。

相比较之下，泰国可以说是同时期东南亚国家中吸收外国直接投资流量最不稳定的国家，但这也意味着泰国在某些年份可能成为外资的高地。例如，在

① 详细数据请参见 UN Comtrade Database（https：//comtrade.un.org/）。

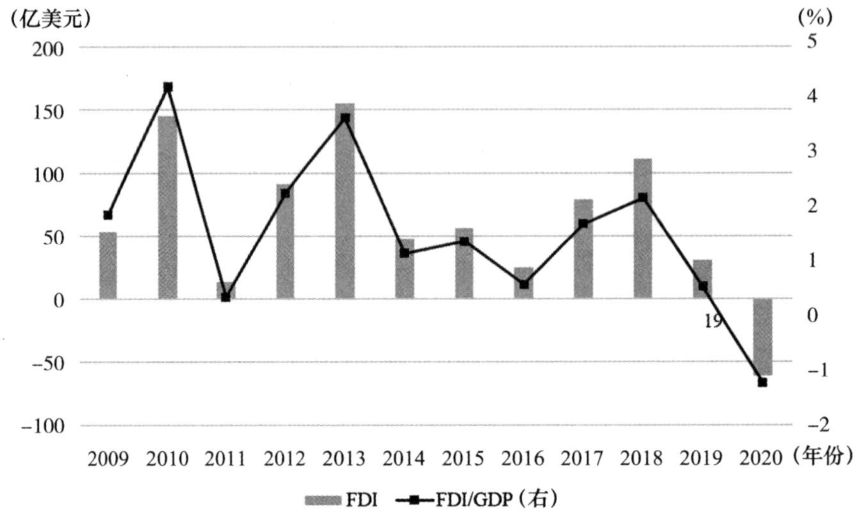

图 1-4　2009—2019 年泰国吸引 FDI 流量及其占 GDP 比重

资料来源：UNCTAD。

2010 年和 2013 年，泰国在东南亚国家中是仅次于新加坡的第二大 FDI 目的地，2018 年吸引 FDI 流量也仅次于新加坡和越南。若从存量角度看，截至 2020 年，泰国又是东南亚国家中除新加坡外吸收外国直接投资存量最多的国家，规模达到 2718.3 亿美元。① 此外，FDI 流量在泰国 GDP 中所占比重长期在 3% 上下浮动，说明外资在泰国的经济增长中占据着较为重要的地位。

（2）泰国外来直接投资的主要来源地

从外国直接投资的国别或地区分布看，泰国的外资来源高度集中，其中日本的地位尤为突出。如

① 详细数据请参见 UN Comtrade Database（https：//comtrade.un.org/）。

表1－2所示，泰国外资来源地聚集在东亚地区，其中，日本、新加坡和中国香港依次位列前三，2020年三者投资存量占泰国FDI总存量的比重高达60.2%，其中仅日本一国所占比重就超过了30%。

表1－2　2014—2020年泰国FDI主要来源地及其投资存量（单位：亿美元）

排名	来源	2014年	2015年	2016年	2017年	2018年	2019年	2020年
1	日本	706.95	662.23	723.86	815.62	868.44	935.41	949.18
2	新加坡	315.66	273.93	286.37	347.16	333.25	446.26	536.12
3	中国香港	112.73	98.56	115.72	168.92	178.73	258.53	256.54
4	美国	159.65	153.81	150.11	153.30	162.28	184.48	184.99
5	荷兰	131.17	118.41	112.93	153.76	156.72	152.19	138.49
6	英属维京群岛	69.90	81.33	87.23	95.78	78.87	104.80	103.14
7	英国	69.99	68.08	67.35	80.85	81.21	82.67	87.03
8	开曼群岛	47.72	41.65	34.20	38.85	44.28	51.60	81.62
9	中国内地	32.97	31.91	45.56	47.00	54.72	77.73	81.18
10	毛里求斯	34.94	33.03	43.64	73.44	82.82	63.98	68.44
11	德国	36.18	33.63	36.47	42.35	44.00	49.60	54.12
12	瑞典	32.01	33.91	37.55	38.02	36.49	45.46	49.78
13	韩国	29.17	28.78	32.70	34.43	36.65	41.57	41.00
14	马来西亚	33.14	26.72	28.76	33.19	32.12	31.72	32.05
15	澳大利亚	15.51	22.38	22.11	25.67	24.49	31.11	30.81

资料来源：ASEAN。

（3）泰国外来直接投资的产业分布

从外国直接投资的产业分布看，泰国的“汽车及其零部件”“电器与电子产品”和“石化及化工产品”

是最受外资青睐的部门。表 1 - 3 列举了 2019 年泰国吸引外资最多的十大产业部门，这些部门占据了泰国近 80% 的外来投资，其中又以“汽车及其零部件”“电器与电子产品”和“石化及化工产品”三个部门最为典型。截至 2019 年，三者分别吸引外资额为 700. 67 亿美元、554. 28 亿美元和 389. 48 亿美元，依次占同期泰国外资总额的 25% 、20% 和 14% 。与此同时，这三个部门也是泰国创造与出口增加值的“主力”。

表 1 - 3　　2019 年泰国吸收外来直接投资前十大产业　（单位：个，亿美元）

产业部门	项目数量	投资额
数字	114	58. 72
医学	20	43. 69
石化及化工产品	64	389. 48
自动化与机器人	4	8. 26
航空器	3	71. 42
生物技术	7	83. 26
电器与电子产品	94	554. 28
汽车及其零部件	80	700. 67
旅游	13	132. 33
农业与食品加工	66	144. 06
合计	465	2186. 17

资料来源：Thailand Board of Investment，“Annual Foreign Direct Investment Report 2019”，https：//www. boi. go. th/upload/content/merged_5e980ba072a08. pdf，p. 16。

2. 泰国进出口活动中的外资企业角色

从吸引外国直接投资的情况来看，泰国国内经济的诸多特性其实是由外资与外资企业塑造和界定的。在此前提下，要深入理解泰国参与全球价值链的本质，还必须剖析外资企业参与该国产业进出口活动的情况。

一方面，泰国的产业活动相当一部分是由外资企业主导开展的。如表1－4所示，泰国外资企业数量可观，2010—2017年就实现了近47%的增长，总数将近5000家。在此基础上，外资企业的生产规模庞大，2017年产值已超过96673.44亿泰铢，较2010年增长近51%。外资企业还是泰国进出口活动的主要拉动者或实施者。2010—2017年，这些企业的商品进口额占泰国商品总进口额的比重由41.41%上升至43.78%；其在出口方面的占比更为突出，由46.08%增长至53.85%。换言之，上文相关贸易数据所体现出来的泰国对全球价值链的"融入"，较大一部分其实是由在泰外资企业贡献的。

表1－4　2010年与2017年泰国境内外资企业概况

	2010年	2017年
外资企业数量（家）	3361	4945
外资企业商品进口额（亿泰铢）	24252.21	33216.77
外资企业商品进口额占泰国商品总进口额比重（%）	41.41	43.78

续表

	2010 年	2017 年
外资企业商品出口额（亿泰铢）	28170.89	43115.65
外资企业商品出口额占泰国商品总出口额比重（%）	46.08	53.85
外资企业营业额或产值（亿泰铢）	64182.80	96673.44

资料来源：Bank of Thailand。

另一方面，外资企业在泰国的生产活动更多地以外资企业而非泰国本土企业为支撑。如前所述，日本是泰国外资的最大来源国，日资企业的活动情况在一定程度上可以折射泰国外资企业生产活动的全貌。图 1－5展现了 2012 年和 2017 年在泰日资企业原材料和零部件的来源构成。其中，从泰国本地获取原材料和零部件的比重出现小幅度上升，大致从 2012 年的53%上升至2017 年的57%，这与国际贸易视角下泰国在全球价值链中地位略有升级的总体判断是相符的。但与此同时，在泰日资企业仍有相当一部分原材料和零部件是从泰国境外获取的，其中从中国获取原材料和零部件的比重还略有扩大。此外，若再对位于泰国的这部分企业进行解剖，又可以发现，即使是从泰国本地获取原材料与零部件，其中也有绝大部分（约58%）来源于在泰外资企业，而非泰国本土企业。

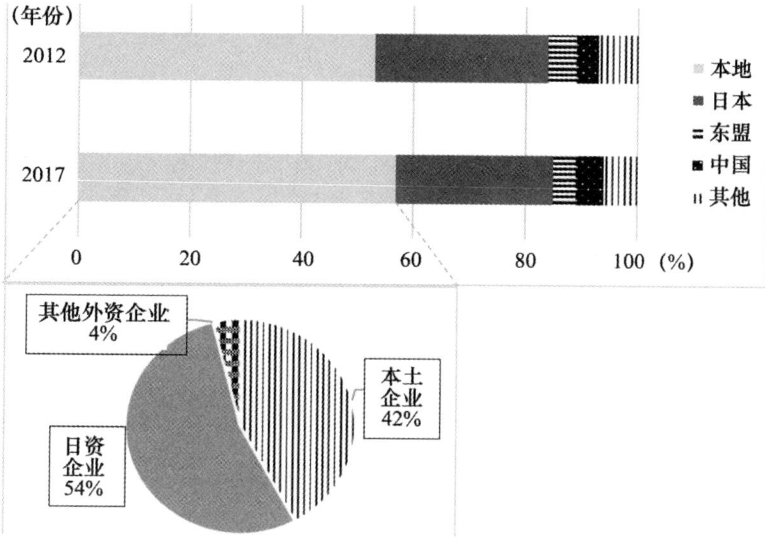

图 1－5　2012 年和 2017 年在泰日资企业的原材料与零部件来源

资料来源：JETRO。

上述现象的背后包含了泰国吸引外国直接投资的如下演进过程：在投资初期，相关企业倾向于在泰国布局加工组装基地，逐步提高了泰国的生产与出口能力；而随着生产规模的扩大，为了降低运输成本，外资企业又寻求在泰国设立中间产品或零部件生产基地，或者吸引其他零部件生产商在此布局，以更好地服务于加工组装。这一演进过程映射到泰国的对外贸易中，就呈现出了泰国不断融入全球价值链且地位小幅度提升的繁荣景象。但从本质上看，这种融入与提升其实是外资企业在泰国投资与生产布局的扩大与升级。在整个演进过程中，泰国参与全球价值链的国内要素长期以相对初级的劳动力为主,[1] 而资本、技术等有助于提升一国在全球价值链中地位的高级生产要素，主要还是由外资企业提供的。因此，泰国对全球价值链的融入，实际上是一种“代理式融入”——泰国成为外资企业参与全球价值链的“代理人”。

（三）融入与游离：泰国参与全球价值链的矛盾性特征

在国际贸易视角下，泰国对全球价值链参与凸显了“融入”的特征，具体表现在三个方面：第一，无论是中间产品还是增加值，泰国贸易额都有所增长，说明其参与全球价值链的范围或规模正在扩大；第二，中间产品贸易逆差以及后向关联明显大于前向关联，则反映了泰国在全球价值链上主要处于中下游地带的事实；第三，中间产品进口额的总体下降趋势、增加值总出口中由本国创造的增加值相对增长以及前向关联的小幅度提高，则在一定程度上反映出泰国在全球价值链中地位的缓慢“升级”。

跨国投资视角的泰国实际上是“游离”于全球价值链之外的。这主要表现在以下三个方面：第一，外

① 林锡星：《开放经济政策与泰国的发展》，《东南亚研究》1998年第3期。

资企业在泰国的生产活动中占据着重要甚至主导地位，泰国境内创造和输出的增加值较大比重实际上也是由外资企业创造的；第二，在泰外资企业的原材料与零部件来源渠道更为多元，除了从泰国当地获取外，还倾向于从母国或第三国进口原材料与零部件，因此，泰国在全球价值链中后向关联（即 FVA 或本国出口中的他国增加值）规模的扩大，也在很大程度上有赖于在泰外资企业的扩产；第三，泰国中间产品生产与出口能力的提升，或在全球价值链中前向关联（即 DVX 或他国出口中的本国增加值）规模的扩大，实际上也得益于外资企业在泰投资布局策略的调整——原本在泰建立制造业加工厂的外资企业，随着生产规模的扩大与运输成本的提高，进一步在泰国设立零部件生产线，或者吸引相关的中间产品生产商对泰投资。

泰国支柱产业之一——汽车制造业参与全球价值链的情况可以视为上述特征的一个"缩影"。2019 年，泰国已成为世界第 11 大汽车生产与销售国，也是东南亚第一大汽车制造国。近年来，泰国汽车年产量约 200 万辆，产值占该国 GDP 比重一度高达 12%，出口额占泰国商品总出口额约 8%。[①] 在汽车整车生产与出口规

① "Thailand's Automotive Industry: The Next-Generation", Thailand Board of Investment, https://www.boi.go.th/upload/content/BOI-brochure%202015-automotive-20150325_70298.pdf; "Automotive Industry", Start Up in Thailand, https://startupinthailand.com/thailand-industries/automotive-industry/.

模不断扩大的同时，泰国境内的汽车零部件生产企业数量也明显增加。[①] 1990—2017 年，汽车部门总出口额中的本国增加值已实现从 31% 到 49% 的跃升（见图 1-6），说明在此期间，泰国正逐渐由汽车“零部件组装者”成长为“零部件生产者”，这是全球价值链融入与地位升级的直观表现。[②]

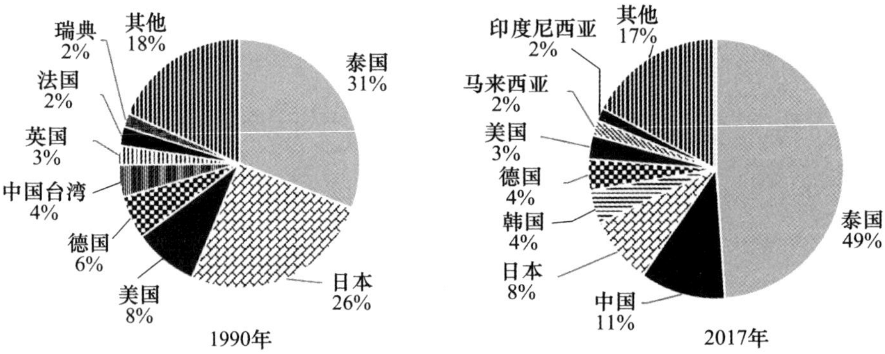

图 1-6　1990 年与 2017 年泰国汽车出口额中的增加值来源

资料来源：UNCTAD-Eora Global Value Chain Database。

但与此同时，汽车部门的外资企业在泰国的表现又充分佐证了泰国游离于全球价值链之外的这一判断。如

---

① Ikuo Kuroiwa, “The Automotive Value Chain in Thailand”, Working Papers DP-2016-33, Economic Research Institute for ASEAN and East Asia (ERIA), 2017.

② Peter Wad, “The Automobile Industry of Southeast Asia: Malaysia and Thailand”, *Journal of the Asia Pacific Economy*, Vol. 14, No. 2, 2009, pp. 172-193；王勤、林少霞：《泰国汽车产业的国际竞争力》，《南亚东南亚研究》2019 年第 3 期；王勤、林少霞：《东盟国家汽车工业的发展：产业政策与跨国公司的驱动》，《云大地区研究》2019 年第 2 期。

图 1－7 所示，泰国绝大部分汽车产能是由外资企业创造的，其中仅日本一国的汽车企业（包括合资企业）的产能占比就超过了 70%。又如图 1－6 所示，2017 年与 1990 年相比，泰国的本国增加值在汽车部门出口总额中所占比重上升了 18%；与此同时，来自日本的增加值占比也出现了较大幅度的下降，即由 26% 降至 8%。这与日本企业加大对泰国汽车中间产品制造环节的投资不无关联。泰国增加值占比的上升和日本增加值占比的下降，从根源上看只是中间产品生产的地点发生了转移，而中间产品生产的主体并未产生实质性改变。

一般而言，汽车产业的特点主要表现为由汽车品牌大国及其关键企业进行统一布局，[①] 大型汽车企业在泰国汽车产业链的演变中发挥着主导作用。以在泰国最大的日资汽车企业——丰田为例。自 20 世纪 90 年代中后期以来，丰田汽车一直致力于在泰国培育供应商并建立日益完整的供应链，截至 21 世纪初，该企业已带动 70 余家日本合资企业以及与丰田有关的企业作为丰田的核心汽车部件供应商入驻泰国，这部分供应商占丰田在泰国生产输入额的比重高达 79%。[②]

① Timothy Sturgeon et al.，"The Philippines in the Automotive Global Value Chain"，Center on Globalization，Governance & Competitiveness，Duke University，May 2016.

② 林丽钦：《跨国公司与泰国汽车产业集群的关系研究》，《东南亚纵横》2011 年第 6 期。

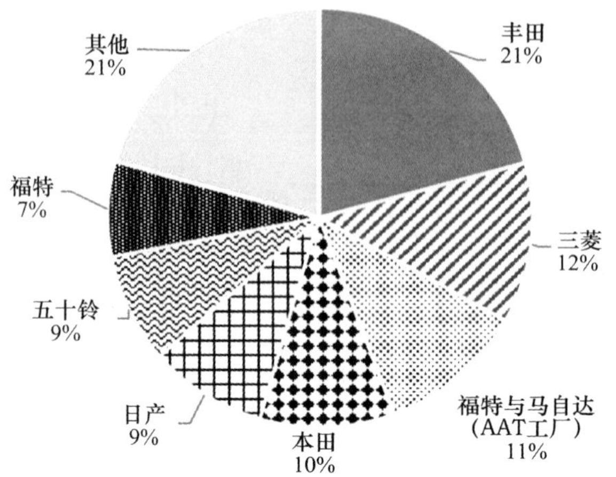

图 1－7　2019 年泰国汽车产能分布情况

资料来源：“Automotive Industry”, Start Up in Thailand, https://startupinthailand.com/thailand-industries/automotive-industry/。

综上所述，泰国参与全球价值链的情况总体表现出既融入又游离的矛盾性，或者说，泰国对全球价值链的融入只是一种“代理式融入”。在国际贸易维度，泰国的中间产品贸易与增加值贸易规模及其相关比重持续扩大，这确实是其融入全球价值链且缓慢实现地位提升的一种直观表现。但在跨国投资维度，与泰国本土企业相比，泰国境内外资企业的生产活动更加活跃，并对泰国融入全球价值链作出更加突出且不可或缺的贡献。这反映了泰国在全球价值链中地位的提升很大程度上只是外资企业在泰国生产战略布局的调整与升级。一旦外资企业抽离，泰国参与全球价值链的规模与深度也将大幅度缩小。从这个意义上看，泰国其实又是游离于全球价值链之外的。

二　泰国参与全球价值链的国内基础

一国对全球价值链的参与是涉及对外贸易、国际投资、跨国生产等多个领域的全方位跨国经济活动，需要以国内的物质性、制度性条件为支撑才能开展。泰国的国内条件既是理解其参与全球价值链现状成因的重要背景，又是研判其参与全球价值链前景的必要依据。本章将从要素禀赋、基础设施、产业实力与产业政策四个方面分析泰国的国内经济与政治条件，其中前三者属于物质性条件，最后一个更偏向于制度性条件。

（一）泰国的要素禀赋

传统的生产要素一般包含土地、劳动力与资本三大类，后来又出现了第四大要素，一般指知识技术或组织（或者企业家才能），形成了“生产要素四元论”。[①] 本

① 徐斌、李燕芳：《生产要素理论的主要学派与最新发展》，《北京交通大学学报》（社会科学版）2006 年第 3 期。

报告主要采取这一分类方法,[①] 并以知识技术作为第四大要素。这些要素是泰国开展产业活动和参与全球价值链最根本的物质基础。

1. 泰国的土地与自然资源

土地以及与之密切相关的气候与河流等资源为泰国的农业发展提供必要的自然条件。总体来看，泰国的土地及其相关资源较为丰富，为泰国的农业起步以及农业工业化发展奠定基础。

在土地资源方面，泰国是东南亚第三领土大国，仅次于印度尼西亚和缅甸。其国土总面积约为 51 万平方千米，其中大部分为陆地，面积占比高达 99.57%。[②] 根据 2018 年的数据，泰国的农业用地面积为 22.11 万平方千米，占国土面积的比重达 43.28%，高于世界平均水平 36.90%。[③] 此外，历史上泰国的森林资源较为丰富，森林覆盖率一度高达 75%，主要包括常绿林和落叶林两种类型；但由于过度开发，从 20 世纪 60 年代起，泰国已由木材出口国转变为木材进口

---

① 国内学者徐寿波还提出了生产要素六元论，将生产要素分为人力、财力、物力、自然力、运力和时力，详见徐寿波《技术经济学》（第三版），江苏人民出版社 1986 年版，第 95—115 页。

② 详细数据请参见 World Factbook（https://www.ciaworldfactbook.us/asia/thailand.html）。

③ 详细数据请参见 World Bank Open Data（https://data.worldbank.org/）。

国，目前森林覆盖率仅为35%左右。[①]

泰国地处中南半岛，西北与缅甸接壤，东北毗邻老挝，东面为柬埔寨与泰国湾，南部延伸至马来半岛与马来西亚比邻而居，西南濒安达曼海（印度洋）。这一地理位置决定了泰国的热带气候特征——以热带季风气候为主，年平均气温为24℃至30℃，全年分热、雨、旱三季。泰国平均年降水量为1622毫米，[②]属于降水较为充足的国家。

在河流资源方面，泰国境内最为重要的河流是湄南河（Chao Phraya River）。湄南河也称昭披耶河，是泰国第一大河，全长1352千米，起源于泰国西北部的掸邦高原，由北向南贯穿泰国西部，在曼谷附近注入泰国湾。上游有宾河、汪河、永河、难河四大支流，在那空沙旺汇成湄南河主流；在瓦信附近分出右岸最大支流素攀武里河，与主流平行注入曼谷湾；流域面积超过16万平方千米。[③] 由此来看，泰国河流资源并不稀缺，灌溉条件总体较好。这也是该国农业尤其是水稻种植业等对灌溉条件要求高的部门较为发达的天

① 详细数据请参见World Bank Open Data（https：//data. worldbank. org/）。

② 详细数据请参见World Bank Open Data（https：//data. worldbank. org/）。

③ “Chao Phraya River”，Britannica，https：//www. britannica. com/place/Chao-Phraya-River.

然基础。

此外，矿产资源可以成为一国积累财富与发展重化工业的基础。泰国燃料矿产资源以天然气、石油较为丰富。据世界银行估计，泰国石油的最大储量为1.64亿吨，天然气最大储量为5465亿立方米。与此同时，泰国拥有较为丰富的锡和钨等金属矿藏。前者是泰国最重要的矿产，储量居世界之首，约为150万吨，主要分布在泰国南部地区的春蓬府、拉侬府等；钨矿则主要分布在清莱府、清迈府等地区。此外，泰国是世界萤石的重要产地，储量约为1150万吨；也是最大的钾盐出产国，其钾盐储量位居世界首位，约为4070万吨。[①] 但相较于印度尼西亚等其他东南亚国家，泰国的自然资源储量总体上并不占优势。[②] 这也是泰国的工业化起步更多地依靠农业工业化而非矿产品与能源产品初级加工与出口的主要原因。

2. 泰国的劳动力资源

从总人口来看，泰国并不是东南亚地区人口规模最大的国家。截至2020年，泰国人口数量约6980万人，明显小于印度尼西亚、菲律宾和越南等国的规模。

---

① 中国商务部：《中国对外投资促进国别/地区系列报告：投资泰国》，http：//images. mofcom. gov. cn/hzs/accessory/200701/taiguo. pdf。

② 曹云华：《东南亚国家的资源问题和资源发展战略》，《亚太经济》1998年第Z1期。

从劳动人口及其占人口比重看，当前泰国的优势总体也处于中等水平。如表2－1所示，2020年，泰国劳动人口数量约3848万人，占总人口比重为55.13%。不仅如此，自2011年以来，泰国的劳动人口数量呈现缓慢减少的趋势，占总人口的比重也逐渐下降。相比较之下，印度尼西亚、菲律宾和越南的劳动人口不仅规模较为突出，而且近十年来呈现增长趋势，年增长率分别为1.5%、1%和0.9%。此外，2020年印度尼西亚和越南劳动人口占总人口的比重分别为49.22%和58.09%。

表2－1　　2011—2020年东盟十国劳动人口及其占总人口比重

（单位：百万人，%）

		2011年	2012年	2013年	2014年	2015年	2016年	2017年	2018年	2019年	2020年
文莱	劳动人口	0.19	0.20	0.20	0.20	0.21	0.21	0.21	0.22	0.22	0.22
	占总人口比重	49.50	49.69	49.79	49.88	50.00	49.99	50.08	51.25	50.08	49.65
印度尼西亚	劳动人口	117.86	120.70	121.50	123.12	124.66	125.96	129.20	132.59	135.80	134.62
	占总人口比重	48.08	48.58	48.25	48.26	48.25	48.16	48.82	49.53	50.18	49.22
柬埔寨	劳动人口	8.38	8.33	8.24	8.40	8.53	8.91	9.05	9.19	9.32	9.16
	占总人口比重	57.60	56.33	54.83	55.00	54.94	56.51	56.53	56.52	56.53	54.81
老挝	劳动人口	3.18	3.27	3.35	3.43	3.50	3.58	3.65	3.72	3.79	3.83
	占总人口比重	50.14	50.67	51.18	51.62	51.98	52.26	52.49	52.68	52.91	52.63

续表

		2011 年	2012 年	2013 年	2014 年	2015 年	2016 年	2017 年	2018 年	2019 年	2020 年
缅甸	劳动人口	24.09	24.30	24.50	24.71	24.93	24.61	24.29	24.69	24.19	22.95
	占总人口比重	47.24	47.26	47.26	47.27	47.32	46.40	45.49	45.97	44.76	42.18
马来西亚	劳动人口	12.83	13.34	13.94	14.29	14.62	14.86	15.15	15.52	15.78	15.90
	占总人口比重	44.77	45.89	47.32	47.83	48.29	48.42	48.72	49.24	49.39	49.14
菲律宾	劳动人口	39.90	40.49	41.19	42.52	43.02	43.92	43.01	43.87	45.12	43.72
	占总人口比重	41.75	41.65	41.66	42.30	42.13	42.37	40.89	41.13	41.74	39.90
新加坡	劳动人口	3.09	3.21	3.27	3.36	3.45	3.50	3.50	3.49	3.53	3.47
	占总人口比重	59.61	60.38	60.61	61.50	62.36	62.35	62.31	61.96	61.82	61.07
泰国	劳动人口	40.06	40.11	39.26	39.00	38.92	38.66	38.49	38.91	38.65	38.48
	占总人口比重	59.33	59.12	57.62	56.98	56.64	56.06	55.61	56.04	55.51	55.13
越南	劳动人口	52.14	52.98	54.29	55.00	55.60	55.86	56.47	57.03	57.31	56.54
	占总人口比重	58.67	59.00	59.82	59.97	60.00	59.65	59.69	59.69	59.41	58.09

资料来源：World Bank Open Data。

从劳动力成本来看，2019 年泰国的最低月薪标准为 220.33 美元，在东南亚国家中处于较高水平（见图 2－1）。与印度尼西亚、菲律宾和越南三个国家相比，泰国的最低工资标准明显更高，其中泰国的工资水平甚至将近印度尼西亚的两倍。在此基础上，泰国国内不同行业的劳动力成本水平明显分化，其中与全球价值链密切相关的制造业劳动力价格处于中等水平。制造业从业者的时薪甚至高于大部分服务业的时薪，达到1.69美元（见表2－2）。

上述横向与纵向对比情况说明，泰国制造业发展中的劳动力要素优势正在逐渐下降，而劳动力要素优势是过去推动泰国融入全球价值链最为关键的因素。

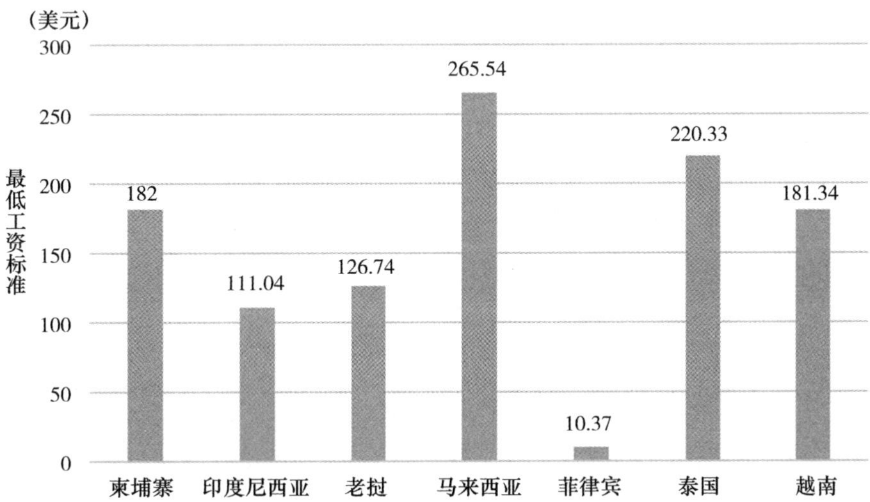

图2－1　2019年东南亚主要国家最低工资标准

注：除菲律宾的数据为“日薪”外，其他几个国家的数据都是“月薪”水平。

资料来源：International Labor Organization（ILO）。

从这个角度看，尽快发展并强化其他要素优势并提升其在全球价值链中的地位，对于泰国而言，可能是应对其在全球价值链中地位困境的根本之策。

表 2－2　　**泰国各类经济活动的时薪水平**　　（单位：美元）

经济活动类型	平均时薪
制造业	1.69
供水、污水处理、废物管理和整治活动	0.99
批发及零售业、汽车及电单车维修	1.97
住宿和餐饮服务活动	1.65
信息和通信	4.12
房地产活动	2.25
专业、科学和技术活动	3.69
行政和支助服务活动	2
艺术和娱乐	1.41
其他服务活动	1.56

注：表中除“制造业”和“供水、污水处理、废物管理和整治活动”为 2016 年数据外，其他各类经济活动为 2017 年数据。

资料来源：International Labor Organization（ILO）。

3. 泰国的资本要素

储蓄率的高低决定了生产资本的存量能够以多快的速度增长，① 也是衡量一国资本要素多寡的参考性指标之一。在经济发展的早期阶段，一国储蓄率的提高意味着资本存量的增加。自 1980 年以来，泰国的储蓄率经历了先升后降的过程。1980 年国民储蓄率为 22.26%，至 20 世纪 90 年代上半叶（也是泰国经济增

① ［美］保罗·R. 克鲁格曼、茅瑞斯·奥伯斯法尔德、马克·J. 梅里兹：《国际经济学：理论与政策》（第十版），丁凯译，中国人民大学出版社 2016 年版，第 244 页。

长速度最快的时期），泰国的储蓄率达到近四五十年的最高峰，约为37%，此后储蓄率总体呈下降趋势，但基本维持在30%以上。[①] 泰国储蓄率水平的变化与其经济发展水平基本相呼应。20世纪80—90年代是泰国经济增长速度最快的时期之一，也是泰国资本要素日趋丰富的阶段。

但若进行横向比较，可以发现泰国在东南亚地区并非属于资本要素充裕的国家。自20世纪80年代以来，东南亚各国中国民储蓄率最高的国家分别是文莱、新加坡和马来西亚，三者也是该地区经济发展水平（更确切地说是人均国民收入）最高的三个国家。泰国的储蓄率水平大致处于这三个国家之后，相对而言资本充裕程度并不高。

当然，一国储蓄率高并不完全等同于资本要素充裕度高，还需结合该国的直接投资净流出的情况。1978—2010年，泰国直接投资净流出（对外直接投资减去外来直接投资）一直都为负值，即使在2010年之后，一些年份也出现了直接投资净流出为负值的情况。[②] 这意味着泰国吸收外来直接投资流量长期大于对外直接投资流量，也在某种意义上反映了泰国资本要素充裕度相对较低的现实条件。而资本要素总体不足

① 详细数据请参见CEIC数据库（https：//www.ceicdata.com/en）。

② 详细数据请参见UNCTAD（http：//unctadstat.unctad.org/EN/）。

也是限制泰国在全球价值链中向中高端升级的主要原因之一。

4. 泰国的技术要素

与资本要素的情况相似，泰国的技术要素总体而言竞争力有限，这也不利于泰国自主实现在全球价值链中的地位提升。技术要素的发达程度体现在诸多方面，其中研发支出、研发人员数量、科研论文数量等指标可以直接或间接地衡量一国的技术实力。

首先，在研发支出方面，泰国的研发支出占 GDP 比重长期以来低于世界平均水平。从 1996 年至今，世界各国研发支出占 GDP 比重的平均水平在 2% 上下浮动，同一时期泰国的研发支出占 GDP 比重虽有所上升，但也仅是从 1996 年的 0.1% 上升至 2018 年的 1%，与世界平均水平相比尚存在较大差距。[①] 一国的研发支出不足，其技术水平的提升必然也会受到较大的限制。

其次，在研发人员数量方面，泰国的竞争力也并不突出。1996—2017 年，泰国每百万人口中的研究人员数量由 100 人增长至 1350 人，但仍明显少于同时期世界各国平均的研究人员数量。[②] 技术创新与发展归根结底

① 详细数据请参见 World Bank Open Data（https://data.worldbank.org/）。

② 详细数据请参见 World Bank Open Data（https://data.worldbank.org/）。

在于技术人才队伍的壮大与强化，泰国研发人员的规模在一定程度上限制其技术要素实力的增强。

再次，在科研论文数量方面，近20年来泰国学者或科研人员在SCI和SSCI期刊上发表论文数量与人口数量之比确实有所增长，大致从2000年的26篇/百万人上升至2018年的180篇/百万人，但仍远低于世界平均水平，后者在2000年约为174篇/百万人，到2018年已增长至336篇/百万人。[①] 科研论文数量是衡量一国技术尤其是基础科技实力较为直观的指标，而泰国在这一指标上的表现又一次说明其技术要素在世界范围内的竞争力较为有限。

（二）泰国的基建条件

基础设施包罗万象，本报告重点关注的是与生产活动密切相关的基础设施，主要包括交通和工业园两个方面，这也是在泰国工业发展过程中发挥重要作用进而影响泰国参与全球价值链的重要物质条件。

1. 泰国的交通与水电基础设施

在20世纪80—90年代经济起飞阶段，泰国的交

① 详细数据请参见World Bank Open Data（https：//data. worldbank. org/）。

通设施建设在日本等外资来源国的推动下迅速兴起，至今已形成较为便利的国内与国际交通网络。

在陆上交通方面，目前泰国境内道路总长达 70. 26 万千米，其中公路里程为 40. 86 万千米，[①] 根据世界银行的统计，截至 2018 年，泰国境内铁路总长度为 4458 千米。泰国目前有四条国有铁路，均为主要干线，以曼谷为基地向北部、东部、南部及东北部延伸。[②] 此外，未来随着中泰铁路与东部经济走廊（EEC）高铁建成通车，泰国的陆上交通网络将更加发达。中泰铁路是中国参与投资的基建合作项目，它与中老铁路相连，贯通了中国云南昆明与泰国首都曼谷。在泰国境内，中泰铁路设计路线全长为 867 千米，起点是东北部重要口岸廊开府，最终达到曼谷和东部的工业重镇罗勇府。自 2015 年中泰铁路正式启动到 2021 年年底，中泰铁路处于一期工程（即曼谷至呵叻段，线路长约 253 千米）建设阶段。EEC 高铁是继中泰铁路之后泰国政府批准的第二个高铁项目。该铁路全长 220 千米，将曼谷地区的两座机场——廊曼国际机场和素万那普国际机场，与东部的乌塔堡国际机场连接起来。该项目在 2018 年 3 月获得泰国政府的批准，由泰国正大集团联合中国、日本、

① 详细数据请参见 ASEANstats（https：//data. aseanstats. org/）。

② 详细数据请参见 World Bank Open Data（https：//data. worldbank. org/）。

韩国等多国企业组成的商业联盟中标承建，目前正处于融资与征地等施工前准备阶段。

泰国的海上交通和空中交通也逐渐形成较为便利的设施网络。在海上交通方面，泰国东部和南部长达3219千米的海岸线，[①] 沿线密集分布多个港口，使泰国形成较为发达的水上交通能力。截至2020年，泰国国内港口数量为454个，国内海运货物吞吐量约5762.85万吨；国际港口数量为七个，国际海运货物吞吐量为2.12亿吨。[②] 在空中交通方面，截至2020年，泰国已建成31座国内机场，国内航空货运量为3.22万吨，客运量为4199.7万人；另有七座国际机场，国际空运货物量为82.5万吨，客运量为1625.5万人。[③] 泰国的空中交通基建水平较高，根据2019年世界经济论坛（World Economic Forum）发布的《全球竞争力报告》（The Global Competitiveness Report），该国在“机场连通性”这一指标上的得分高达98.9分（总分为100分），在全球排名第九位。

虽然泰国在陆上、海上和空中等方面都已建立起一定规模的交通设施和运输网络，但若进行国家间横向比较，可以发现泰国的交通基础设施水平总体而言

① 详细数据请参见 CIA World Factbook（https://www.ciaworldfactbook.us/asia/thailand.html）。

② 详细数据请参见 ASEANstats（https://data.aseanstats.org/）。

③ 详细数据请参见 ASEANstats（https://data.aseanstats.org/）。

并不具有突出优势。根据 2019 年《全球竞争力报告》的统计，泰国在“基础设施”一项上的总体得分为 67.9 分（总分为 100 分），在报告所统计的 141 个国家中排名第 71。当然，该报告中的“基础设施”一项不仅包含交通设施，还将水电公用基础设施纳入其中。而在水电设施方面，泰国在“电力接入率”和“电力供应质量”上得分明显突出，在有关水资源等指标上的表现未能占据优势（见表 2－3）。

表 2－3　**泰国基础设施竞争力**

指标	得分（0—100）（分）	排名/141（名次）
基础设施	67.8	71
交通基础设施	56.8	53
道路连通性	80.0	54
道路基建质量	56.6	55
铁路密度（$km/1000km^2$）	21.8	55
列车服务效率	30.3	75
机场连通性	98.9	9
航空服务效率	67.3	48
海港连通性	48.0	35
海港服务效率	51.4	73
水电公用设施	78.9	90
电力接入率	100.0	2
电力供应质量	98.1	31
不安全饮用水接触率	48.3	107
水供应稳定性	69.2	60

资料来源：World Economic Forum, Global Competitiveness Report 2019, p. 551。

2. 泰国的工业园

与交通、水电等基础设施条件相比，泰国的工业园作为一项综合性基础设施的条件更为成熟健全。泰国是东南亚地区较早实行工业园制度的国家，其在工业部下设工业园管理机构（Industrial Estate Authority of Thailand），还颁布并多次修订《工业园机构条例》，[①] 为建立、管理泰国境内的工业园区提供行政与法律支持，同时为工业园区内的投资者创造更加便利的条件。工业园区正逐渐成为泰国吸引外来直接投资的一大优势。泰国工业园主要包括一般工业园区、出口加工区和自由贸易区三种类型，据不完全统计，泰国境内共建有100多个工业园区，其中约60个园区的入园企业可享受泰国投资促进委员会（BOI）的优惠鼓励政策，如进口中间产品和原材料便利、税收优惠、无条件向国外出口产品等。[②] 泰国境内工业园通常采取“本国企业独资”和“同外国企业合资建立”两种建设与融资方式，其中第二种方式更为盛行，也是吸引外国直接投资流入泰

---

① 商务部国际贸易经济合作研究院、中国驻泰国大使馆经济商务参赞处、商务部对外投资和经济合作司：《对外投资合作国别（地区）指南：泰国（2018年版）》，2018年12月，https://www.yidaiyilu.gov.cn/wcm.files/upload/CMSydylgw/201903/201903270529015.pdf。

② 沈红芳：《东南亚的工业化、外国直接投资与科技进步》，厦门大学出版社2015年版，第111—112页。

国的主要平台之一。近四五十年来，日本和中国先后在泰国与当地企业合资建立的工业园区，就吸引了大量的日本和中国相关企业对泰投资。

日本在 20 世纪 80 年代初就开始在泰国探索建设工业园，也是较早在泰国建设工业园区的外国之一。截至目前，日本在泰国投建的工业园总数约十家，其中以泰国洛加纳工业园最具有代表性。1989—2019 年，日本新日铁株式会社（Nippon Stell Corporation）与泰国威尼布集团（Vinichbutr's Group）合资建立了洛加纳工业园公司（Rojana Industrial Park Public Corporation），在泰国多地先后建立或筹建八个工业园区，洛加纳大城府工业园是其中最早建成且规模最大的工业园区，规划面积达 24 平方千米。①

中国参与泰国工业园建设的时间较晚，但成效突出。从 2006 年开始与泰国企业合作建立第一家工业园开始，到 2019 年为止，中国已先后在泰国投资建设五家工业园，主要分布在罗勇府和巴真府两地。②泰中罗勇工业园是由中国华立集团与泰国安美德集团在泰国合作开发的面向中国投资者的现代化工业区，也是目前中国在泰国投资建设规模最大且影响力最广

① 谢木兰、邹春萌：《从“走出去”到“走进去”：中日在泰国工业园区发展比较》，《云大地区研究》2021 年第 1 期。

② 谢木兰、邹春萌：《从“走出去”到“走进去”：中日在泰国工业园区发展比较》，《云大地区研究》2021 年第 1 期。

泛的工业园区。该工业园的建设起步于2006年，总体规划面积12平方千米，建有一般工业区、保税区、会展中心、物流基地以及配套的商业生活设施，从投入运营至今已吸引了100多家企业入园，进展较为顺利。[①]

（三）泰国的产业实力

泰国的产业发展是在出口驱动下实现的，农业、工业和服务业在不同时期成长为泰国的经济支柱。20世纪60年代以前，农业一直是泰国经济的支柱，农产品在泰国的出口中长期占据主导地位。1953年，泰国的大米、橡胶和柚木出口额占总出口额的比重一度高达80%，其中大米出口值占比为65%，橡胶占13%，柚木占2%。[②] 20世纪60年代以来，以农业工业化为起点，泰国工业化开始起步。直至1976年，工业部门产值占泰国GDP比重达到27.62%，开始取代农业成为泰国经济的主导部门之一。[③] 泰国服务业的兴起相对较

① “园区简介”，泰中罗勇工业园官网（http：//www.sinothaizone.com/about.php？cid=13）。

② David K. Wyatt, *Thailand：A Short History*, New Haven and London：Yale University Press, 1984, p. 192.

③ 详细数据请参见UNCTADstat（https：//unctadstat.unctad.org/EN/Index.html）。

晚，但发展迅猛，其中以旅游业表现最为突出。自20世纪90年代以来，旅游业创造的收入日益增长，平均约占泰国GDP的7%；泰国从事旅游业的人口数量也相当可观，1994年甚至高达总人口的27%。[①] 截至目前，农业、农产品加工业、轻纺工业、汽车制造业和旅游服务业是泰国的重点产品部门。

1. 泰国的农业发展

农业是泰国经济发展的基础产业，在东南亚甚至整个亚洲地区占据着重要地位。泰国是亚洲最大的大米、橡胶、海鲜等农产品出口国之一，[②] 其农产品不仅可以满足国内需求，还能大量出口至国际市场。

大米：被誉为“东南亚粮仓”的泰国稻米年产量近3000万吨，年出口量在700万—1000万吨，占世界稻米贸易总量的25%—35%。[③] 20世纪80年代初，泰国稻米出口量首次超越美国，成为世界最大的稻米出口国，此后长期稳居首位，直到2012年才被印度和越南超越，位居世界第三名。

---

① 爱丽：《泰国旅游业对泰国经济发展的影响》，《商场现代化》2013年第14期。

② 祁广谋、钟智翔主编：《东南亚概论》，世界图书出版广东有限公司2013年版，第218页。

③ Rosady, “An Analysis of Thai Rice Model”, *Kasetsart Journal: Social Sciences*, Vol. 14, No. 2, 1993, pp. 51－60.

木薯：木薯是泰国最主要的经济作物之一，近年来年平均产量为2600万—2700万吨。泰国是世界第三大木薯生产国（仅次于尼日利亚和巴西）和第一大出口国，全国木薯总种植面积120万公顷，主要产区在东北部、北部和中东部。①

橡胶：泰国长期是世界第一大天然橡胶生产国和出口国。2001年，其橡胶年产量约250万吨，此后逐年上升，2011年已增至357万吨。泰国的橡胶产量约80%用于出口，其出口量为世界橡胶出口总量的40%—50%。②

渔业：泰国天然海洋渔场主要为泰国湾和安达曼海，淡水养殖渔场面积为1100多平方千米。③ 泰国渔业分为海产业、淡水渔业和养殖业，其中海产业为最大生产部门，海产业中又以虾类养殖著称。作为亚洲第三大海产国（仅次于日本和中国）和世界最大的产虾国，2013年泰国渔业年均产量超过300万吨，其中海洋渔业160吨，约占50.61%；海洋渔业产品以活鱼类、鱿鱼类和虾类为主，主要出口美国、日本、欧洲

① 《走近泰国（2012版）》，中国驻泰国大使馆经济商务参赞处，http://th.mofcom.gov.cn/article/ddgk/。

② 《简析泰国橡胶业（2014年版）》，2014年5月5日，凤凰财经，http://finance.ifeng.com/a/20140505/12263669_0.shtml。

③ 《泰国国家概况》，中华人民共和国外交部，http://www.fmprc.gov.cn/mfa_chn/gjhdq_603914/gj_603916/yz_603918/1206_604642/。

等国家和地区。[①] 但近年来，由于渔业资源的减少、捕捞和养殖成本的增加以及渔业劳动力资源的缺乏，相对于其他产业而言，泰国渔业发展正面临着一定的困境。

2. 泰国的制造业发展

泰国的农产品加工业起步发展于20世纪60年代，主要加工的农产品有甘蔗（蔗糖）、油棕树（棕榈油）、水产品（鱼罐头和虾类制品）等。泰国是世界主要产糖国和世界第二大食糖出口国（仅次于巴西），其年均生产甘蔗9000多万吨，蔗糖年产量达1000万吨，其中约80%用于出口。[②] 棕榈油用途较为广泛，既可用于食物烹饪，也能用于制造肥皂、生产柴油等。2012年泰国棕榈作物产量为1133万吨，全年棕榈油用量160.7万吨，其中食用的为100万吨，用于生产生物柴油的有30.67万吨。[③] 泰国国内对棕榈油的需求量大，产量又相对有限，因此其出口规模并不大，2012

① 《泰国海洋渔业比较发达　渔业资源和劳动力面临困境》，2013年8月4日，中国日报网，http：//www.chinadaily.com.cn/hqgj/jryw/2013-08-04/content_9759451.html。

② 《蔗糖出口面临危机》，2012年6月8日，中华人民共和国商务部，http：//www.mofcom.gov.cn/aarticle/i/jyjl/j/201206/20120608176450.html。

③ 《2012年泰国棕榈油产业近况》，2013年4月10日，中华人民共和国商务部，http：//www.mofcom.gov.cn/article/i/dxfw/cj/201304/20130400108407.shtml。

年出口棕榈油约30万吨。泰国所加工的水产品，尤其是虾制品与金枪鱼罐头，在世界范围内小有名气。在满足国内消费的基础上，这些产品主要销往欧美和日本。但泰国虾制品和金枪鱼罐头的加工产业链略有不同，其中，虾制品在国内拥有富足的原材料，可直接从国内获取原材料进行加工出口，但金枪鱼需从国外进口，泰国主要承担来料加工环节，制成罐头后再销往国内外市场。长期以来，金枪鱼罐头是泰国水产品加工业中最重要的创汇产业。

泰国纺织服装业主要包括成衣制造业和化学纤维业。成衣业一直是纺织服装业的重点部门，化纤业则是在20世纪90年代中期以后逐渐兴起并成为泰国重点发展的轻工业部门。泰国纺织服装的原材料缺乏，约50%来自进口。[①] 但由于生产制造成衣和化纤的技术和流程相对成熟和完整，泰国的纺织服装业发展较好并成为泰国制造业中的支柱产业。2007年，泰国国内服装企业超过4500家，雇佣员工100多万人，占制造业就业人数一度达到近20%，产值也占当年GDP的17%。[②]

汽车制造业也是泰国重要的工业部门，其初期的

---

① 李小青：《迅速发展的泰国纺织服装业》，《东南亚》2007年第1期。

② 张兴无主编：《泰国经济》，中国经济出版社2016年版，第57页。

发展形式主要是与外国企业合资办厂，泰国负责组装环节。1990—1995 年，泰国的汽车产量和销量分别以年均 16.7% 和 13.5% 的速度递增。[①] 1997—1998 年亚洲金融危机对泰国的汽车产业造成严重打击，但随着该产业的慢慢复苏，泰国在东盟地区汽车制造业又逐渐成为“领头羊”。2001 年，泰国汽车产量达 45.9 万辆，占整个东南亚地区汽车产量的 36%。[②]

3. 泰国的旅游服务业发展

除了制造业部门，服务业中的旅游业也是泰国重点发展的经济部门之一，并且成为泰国外汇收入与经济增长的主要来源之一。1986 年赴泰旅游的外国游客数为 282 万人次，创收 73.2 亿泰铢；至 1989 年，游客数已猛增至 481 万人次，旅游收入也增至 963.7 亿泰铢，占当年 GDP 比重为 5.3%。[③] 如今旅游业在泰国产业与经济发展中的地位有增无减，2017 年泰国旅游业收入高达 11.5 万亿泰铢，占 GDP 比重高达 9.3%。[④] 旅游业的

---

① 吴必祥：《泰国汽车产业发展的现状与前景》，《中国机电工业》2002 年第 21 期。

② 吴必祥：《泰国汽车产业发展的现状与前景》，《中国机电工业》2002 年第 21 期。

③ 刘华源：《泰国发展旅游业的态势》，《国际贸易》1995 年第 6 期。

④ “The Travel & Tourism Competitiveness Report 2017”, World Economic Forum, http://www3.weforum.org/docs/WEF_TTCR_2017_web_0401.pdf.

发展确实有助于消化泰国的富余劳动力，为泰国的产业转型与经济增长产生一定的促进作用。

但与制造业中多数部门的情况相似，泰国旅游业其实也存在产业链分工的限制问题。具体而言，海外旅行社日益广泛地参与泰国旅游产品的开发与销售、全球酒店开发商在泰国投建与经营高端酒店的热潮逐渐兴起等，都在一定程度上削弱了泰国本土企业与民众在旅游业上的实际收益，制约泰国自身旅游业的提质升级，使其逐渐沦为全球旅游产业链中的加工制造者。

（四）泰国的产业政策

从国内政治的角度看，泰国在全球价值链或全球产业链中地位的形成，是泰国政府长期以来一系列产业政策发挥作用的结果。20 世纪下半叶以来，尤其是 20 世纪 90 年代至今的经济全球化以及由此孕育而成的自由主义秩序，对后发展中国家的经济开放施加了更大的压力，使其产业政策的选择空间明显缩小。[①] 不同发展中国家在此过程中的产业政策选择存在细微差异，其中泰国选择的是更顺应经济全球化要求的道路，即

---

① Robert Wade, *Governing the Market*: *Economic Theory and the Role of Government in East Asian Industrialization*, Princeton: Princeton University Press, 1990, p. 621.

实施了一系列依靠外国资本实现工业发展的政策。[①] 这是造就泰国游离于全球价值链之外这一现状的内在根源。

早在20世纪70年代，泰国国内就出现了由进口替代型转向出口导向型战略的声音，但该战略的真正落实始于80年代初，以泰国第五个经济和社会发展计划（1983—1987年）的启动为标志。20世纪80年代中期至今，泰国产业政策的基本方向总体而言并未发生根本性改变。

在炳·廷素拉暖执政时期（1980—1988年），泰国政府为了增强农业与劳动密集型产业竞争力，主要采取信贷支持、税收优惠和扩大开放等产业政策工具。以纺织服装业为例，20世纪80—90年代，泰国政府将可用出口信贷总额中的30%—50%分配至纺织业，同时削减纺织业所需原材料的进口关税。1978—1985年，纺织服装业中间产品的进口关税水平总体由

① 笔者此前将泰国的产业发展模式界定为“依附型产业扩张”，与韩国的“自主型产业扩张”形成鲜明对比。在依附型产业扩张模式下，产业发展的主导者为外国企业与资本，产业扩张的基础是消耗劳动力、土地和资源等初级生产要素，产业扩张的方式是接受外资企业的产业转移。本报告对于泰国依附型产业政策的讨论，其实正是对泰国政府在“依附型产业扩张”模式下的相关政策举措的描述。关于依附型产业扩张模式的界定与分析，详细请参见罗仪馥《对外经济政策、产业扩张模式与经济发展——基于韩国与泰国的比较分析》，《当代亚太》2020年第4期。

80%—100%降至60%。[①] 1983年，主管泰国外资合作的投资促进委员会颁布了1号法规，面向外国直接投资者提出一些鼓励性的规定，具体包括加大外资企业的税收优惠力度，放宽外资比例限制，保证不将外国投资项目收归国有，不设置同类型的国有项目与其竞争等。[②] 简言之，炳所推行的产业政策以出口为导向，高度凸显对外资的欢迎甚至依赖。

炳政府的各项产业政策在他信·西那瓦时期（2001—2006年）分别得到不同程度的延续甚至强化。例如，在炳提高农业贷款便利性的基础上，他信还进一步通过信贷手段加大对农业的支持，包括提出了金额达36亿美元农民债务缓期计划等。[③] 虽然在他信执政的第一任期内，泰国政府出台过一些高新技术产业政策，包括为保护电信等新兴产业的发展而适当放缓了自由化的速度。[④] 但迫于国际制度压力，以及国内传统产业部门对扩大国际市场的需求反馈，他信进入第

---

① Suphat Suphachalasai, *Thailand's Clothing and Textile Exports*, Singapore: Institute of Southeast Asian Studies, 1994, pp. 19 – 33.

② 吴天青编：《泰国的奖励投资和优惠法规》，《东南亚研究》1988年第4期。

③ Worawan Chandoevwit, "Thailand's Grass Roots Policies", *TDRI Quarterly Bulletin*, Vol. 18, No. 2, 2003, pp. 3 – 8.

④ Razeen Sally, " Thai Trade Policy: From Non-discriminatory Liberalisation to FTAs", *The World Economy*, Vol. 30, Issue 10, 2007, pp. 1594 – 1620.

二任期后，很快又恢复甚至扩大开放的力度。从整体产业政策体系来看，他信政府重点强调的还是对泰国传统优势产业的巩固，包括依靠外资强化泰国汽车制造业和纺织服装业等传统制造业的优势等。[①]

总体而言，泰国的产业政策表现出明显的依附性特征。虽然在1997—1998年亚洲金融危机以及随后由他信·西那瓦执政的数年时间内，泰国国内出现短暂的反全球化浪潮，[②] 但由于保守势力过于强大等原因，他信未能使泰国的产业发展政策方向发生根本性转变。长期以来，泰国的依附性产业发展政策及其对该国参与全球价值链的影响主要表现在以下两个方面。

第一，泰国全面因应世界贸易组织（WTO）的要求，放宽对外资企业的诸多限制，降低甚至废除了外资企业使用本土零部件的要求，这是外资企业得以成为泰国生产活动主导者的前提。1983年，泰国投资促进委员会颁布旨在鼓励外资入驻泰国的1号法规，放宽外资持股比例限制，并承诺不设置同类型国有项目

---

① Richard F. Doner, *The Politics of Uneven Development: Thailand's Economic Growth in Comparative Perspective*, Cambridge: Cambridge University Press, 2009, p. 131.

② Kevin Hewison, "Resisting Globalization: A Study of Localism in Thailand", *The Pacific Review*, Vol. 13, No. 2, 2000, pp. 279 - 296.

与外资企业竞争等。[①] 此后，泰国政府引进外资的力度持续加大，从 1991 年颁布《投资促进法》，免除外资企业某些工业设备的进口关税，[②] 到 21 世纪初他信政府短暂放缓自由化与对外开放速度，但很快又恢复对外资开放的力度，[③] 再到 2016 年前后巴育·占奥差政府（2014 年至今）提出“工业 4.0”战略和东部经济走廊（Eastern Economic Corridor，EEC）建设规划，[④] 无不以引进更多的外资为目标或手段。外资享受特定的政策优惠及其大量流入，对泰国本土竞争力较弱的民族企业的成长壮大极为不利，这是泰国民族企业更难挤进全球价值链，进而导致泰国实质游离于全球价值链之外的主要原因。

第二，泰国主要依赖日本等发达国家获取资本和技术等更为高级的要素，难以自主培育国内资本和技术要素，最终导致泰国参与全球价值链的本国生产要

① 吴天青：《泰国的奖励投资和优惠法规》，《东南亚研究》1988 年第 4 期。

② “Investment Promotion Act (No. 2) B. E. 2534”, Thailand Board of Investment, https://www.boi.go.th/english/download/boi_forms/proact_eng.pdf.

③ Richard F. Doner, *The Politics of Uneven Development: Thailand's Economic Growth in Comparative Perspective*, Cambridge University Press, 2009, p. 131.

④ Petra Desatova, “Thailand 4.0 and the Internal Focus of Nation Branding”, *Asian Studies Review*, Vol. 42, Issue 4, 2018, pp. 682-700.

素长期以劳动力等初级要素为主。[①] 也有学者将泰国这种发展战略概括为“外延式”战略，与“内涵式”战略相对。[②] 以汽车制造业为例，近年来泰国政府致力于推动汽车产业转型升级，借此提高泰国在全球汽车产业链中的增加值占比。对此，泰国政府的实施路径并非以提高本国的研发能力为主体，而是更多地依靠鼓励外资入驻与引进技术。2017 年，为了大力发展电动汽车制造业，泰国政府启动了电动汽车制造商和零部件制造商的促销特权计划，为外资企业提供 5—8 年免税期和汽车、机械进口免税的优惠。[③] 至 2018 年，泰国投资促进委员会已批准了四项大型投资特别优惠申请，所涉金额近 300 亿泰铢，其中包括日产和本田两家传统对泰投资的日本企业的项目。[④] 这一产业政策似乎带来了泰国产业向中高技术水平发展以及在全球价值链中地位提升的繁荣景象，但实际上泰国参与全球

---

① 国务院发展研究中心赴泰产业政策考察团：《泰国的产业政策与经济发展》，《管理世界》1990 年第 6 期；林锡星：《开放经济政策与泰国的发展》，《东南亚研究》1998 年第 3 期。

② Richard F. Doner, Gregory W. Noble and John Ravenhill, *The Political Economy of Automotive Industrialization in East Asia*, New York: Oxford University Press, 2021, pp. 93 – 126.

③ 张琪：《泰国电动汽车产业的“五年区域枢纽”愿景与前景》，《中国对外贸易》2020 年第 9 期；王勤、林少霞：《泰国汽车产业的国际竞争力》，《南亚东南亚研究》2019 年第 3 期。

④ 王勤、林少霞：《泰国汽车产业的国际竞争力》，《南亚东南亚研究》2019 年第 3 期。

价值链的要素基础尚未发生根本性改变，对于外资企业的依赖程度有增无减，其“代理式融入”全球价值链的处境也被进一步固化。

三　泰国参与全球价值链的国际条件

在国际层面，影响泰国参与全球价值链的背景条件主要包括经济全球化兴起与亚太区域经济一体化两个方面，前者为泰国融入全球价值链提供重要动力，后者则造就了泰国对全球价值链的参与主要集中在亚太地区的现状特征。

（一）经济全球化与泰国参与全球价值链

泰国参与全球价值链现状与特点的形成，可以在该国最初被纳入全球价值链的方式与过程中寻得缘由。20 世纪 80—90 年代是包括泰国在内的东亚“四小虎”经济高速增长的辉煌期。在这一时期内，对于全球多边贸易体制改革具有里程碑意义的乌拉圭回合谈判正式启动，并取得诸多积极成果，经济全球化由此进入高峰期。与此同时，日本、中国香港等发达经济体也大幅度增加对上述国家的直接投资，并为其参与全球价值链提供最初动力。

以 1986—1994 年的乌拉圭回合谈判以及 1995 年世界贸易组织的正式成立为标志性事件，经济全球化进入了新的时代，包括泰国在内的东南亚国家得以在更加宽松自由的环境中融入全球经济。丹尼·罗德里克（Dani Rodrik）和张夏准（Ha-Joon Chang）等学者对这一时期全球发展环境的特征作了如下描述：新自由主义兴起并成为主导国际经济与政治关系的主流意识形态，与此同时，技术创新降低了跨国运输成本与通信成本，世界各国逐渐取消了对货物贸易、服务贸易和资本流动的限制，国际贸易与跨国资本流动空前繁荣。① 尽管上述学者都认为新的全球发展环境从长远来看对后发展中国家可能不利，但他们也承认当时这些国家在新环境中得以与世界经济接轨，而且从中获得了大量的收益。②

① ［美］丹尼·罗德里克：《新全球经济与发展中国家：让开放起作用》，王勇译，世界知识出版社 2004 年版，第 3—4 页；［英］张夏准：《富国陷阱——发达国家为何踢开梯子？》，蔡佳译，社会科学文献出版社 2020 年版，第 16—19 页。

② ［美］丹尼·罗德里克：《新全球经济与发展中国家：让开放起作用》，王勇译，世界知识出版社 2004 年版，第 3—4 页；［英］张夏准：《富国陷阱——发达国家为何踢开梯子？》，蔡佳译，社会科学文献出版社 2020 年版，第 16—19 页。

在经济全球化高峰期，全球价值链所覆盖的地域范围大幅度扩张。以泰国为代表的后发展中国家即使尚不具备足够的跨国经济活动优势与能力，如高超的技术创新水平、强大的生产能力和国际运输能力等，也能凭借低廉的劳动力成本迅速被发掘并纳入全球价值链之中。

一方面，在国内生产与消费能力相对较低的条件下，泰国面向发达国家的最终消费品出口，就成为其与世界进行增加值交换，尤其是输出增加值的必要平台。而乌拉圭回合谈判达成的《农产品协议》《纺织品服装贸易协议》等文件大幅度削减了泰国对发达国家出口相关产品的关税水平和非关税壁垒，[①] 这对在农产品种植与加工、纺织服装制造方面具有相对优势的泰国而言是重大利好，泰国对发达国家出口相关产品的规模因此得以扩大。这是该国最初融入全球价值链的背景条件。

另一方面，乌拉圭回合谈判结果还助推跨国投资的自由化，为日本等发达国家扩大对泰国的投资提供了更为便利的条件，泰国对外中间产品贸易因此得以迅速兴起。谈判达成的《与贸易有关的投资措施协议》（TRIMs）是WTO协议的重要组成部分，其宗旨在于促

① 张汉林、马凤琴：《论乌拉圭回合最后文件与发展中国家贸易发展》，《国际商务》1995年第4期。

进投资自由化，为扩大世界贸易扫清一些跨国投资规则方面的障碍。[①] 该协定最重要的条款之一是要求东道国放宽生产的原产地限制。在这一规定下，对泰投资的跨国企业在泰国的加工制造活动更加灵活——既可以从泰国以外获取零部件，又能够在泰国生产零部件再出口他国，进而带动泰国更紧密地嵌入国际生产分工网络之中。此外，20 世纪 80 年代中后期日美贸易摩擦以及日元升值也成为日资企业扩大对泰投资的特殊契机。在这一时期，日本对泰国直接投资的领域开始由初级的加工制造扩展至技术水平更高的零部件生产。例如，日产等汽车公司在当地建立汽车引擎工厂，并以周边国家为出口对象；藤仓电线公司也建立了电子机械用的专用高级电缆工厂等。[②] 基于此，泰国在相关产业的全球价值链中得以参与更多的环节。

（二）亚太区域经济一体化与泰国参与全球价值链

在全球层面的自由贸易秩序受到冲击的同时，亚太区域层面的经济一体化日益加强，区域经济一体

① 盛斌：《WTO 与多边投资协定》，天津大学出版社 2003 年版，第四章。

② 樊勇明：《日本的投资与亚洲的崛起》，上海三联书店 1991 年版，第 163—169 页。

化在推动泰国融入全球价值链中所发挥的作用也越发凸显。亚太区域经济合作始于20世纪90年代亚太经济合作组织（APEC）的创立与早期运作，但该机制以“开放的区域主义”为指导原则，意味着其所涉范围不受限制，行动力与有效性也相对有限。直到21世纪初，在《跨太平洋伙伴关系协定》（TPP）和《区域全面经济伙伴关系协定》（RCEP）等亚太自贸协定谈判的刺激下，亚太区域经济一体化才实现新的进展。[①] 需要特别强调的是，TPP以及后来的《全面与进步跨太平洋伙伴关系协定》（CPTPP）和RCEP仅涵盖亚太地区的少数或部分国家，它们的关键作用可能并不局限在使所有亚太国家实现市场的完全统合，而是在大多数时候尤其是谈判时期为区域内国家之间的交流与协调提供平台，使亚太区域内的相关国家能够以此为基础开展更加具体的经贸合作。例如，东盟成员国之间的经济共同体建设和东亚经济合作等，本质上也是亚太区域经济一体化的重要组成部分。在亚太区域层面，对泰国的影响较为直接或者说造就泰国参与全球价值链现状的因素主要包含东盟经济一体化和东亚经济合作两个方面。

---

① 唐国强、王震宇：《亚太区域经济一体化的演变、路径及展望》，《国际问题研究》2014年第1期。

1. 东盟经济一体化及其对泰国参与全球价值链的影响

东盟成立于1967年，但东盟经济一体化在21世纪前20年发展最为迅速。具体而言，从正式成立到1992年，东盟主要停留在“特惠贸易安排”建设阶段；1993—2002年，东盟经济一体化建设的主要任务是建立“自由贸易区”；从2003年开始，东盟进入了经济共同体建设阶段，并在2015年底，以《东盟经济共同体蓝图2025》的签署为标志，东盟经济共同体正式成立。[①] 东盟共同体覆盖了东盟十个成员国约6.2亿人口的庞大市场，所涵盖的GDP总额超过2.6万亿美元，旨在“通过地区产业融合促进资源配置的当地化，促进私营部门在东盟经济共同体建设中的参与度，使东盟成为一个货物、服务、投资、劳务、资金流动自由的地区”。[②] 东盟经济共同体对包括泰国在内的成员及其参与全球价值链的影响主要体现在以下两个方面。

第一，东盟成员国之间的市场高度一体化，极大地扩大了泰国市场的辐射范围。随着东盟经济共同体

① 陆建人：《东盟50年：发展中国家一体化的成功典范》，《当代世界》2017年第6期。

② “东盟经济共同体简介”，2020年6月23日，中华人民共和国商务部，http://asean.mofcom.gov.cn/article/ddgk/s/202006/20200602976983.shtml。

的建成，东盟成员国之间绝大部分的货物贸易已经降至零关税，非关税贸易壁垒也被大幅度削减。[①] 这一方面使国家之间的中间产品进出口成本大幅度降低，为泰国与其他东盟成员国在跨国生产网络中的分工合作提供极大便利；另一方面，相关外资企业在泰国加工生产的产品不仅能以泰国为目标市场，还可以面向更为广大的东盟市场。这两大变化意味着泰国在吸引外国企业赴泰投资建厂上具有更强的优势。

第二，东盟经济共同体对相关国家经济的整合初步上升至劳动力、资本和人才等生产要素自由流动的水平，[②] 虽然截至目前尚未实现完全整合，但在一定程度上缓解了泰国生产要素的短板。例如，在东盟经济共同体的大框架下，泰国更便于从东盟相对不发达的国家获取成本更低的劳动力。泰国先后与柬埔寨、缅甸和老挝三个国家签署了关于引进劳工的谅解备忘录。外来劳工在泰国主要聚集在加工制造业里的低技术岗位，并逐渐形成了具有一定规模的劳工群体，其数量在 2009 年超过 154 万人。[③] 外来低成

---

① 曹云华、李均锁：《东盟经济共同体与“21 世纪海上丝绸之路”：竞争与合作》，《广东社会科学》2020 年第 2 期。

② 王勤：《东盟经济共同体建设的进程与成效》，《南洋问题研究》2015 年第 4 期。

③ Pormatee Vimolsiri, “International Migration: Social and Economic Impact for Thailand”, At the seminar on International Migration in Thailand and Southeast Asia: Policies and Practices, January 12, 2011, http://images.mofcom.gov.cn/chiangmai2/accessory/201101/1295424908889.pdf.

本劳动力的持续输入，使泰国在本土劳动力成本持续上升的情况下，仍能在一定时间段内维持其参与全球价值链中低端环节的优势。

2. 东亚经济合作及其对泰国参与全球价值链的影响

东亚经济合作主要指中国、日本和韩国与东南亚国家之间的合作。东亚经济合作大致可以分为两个层面，一是跨国经济联系的建立与深化，集中以跨国产业链或价值链的形式呈现出来；二是区域性国际制度的构建与发展，这是相关国家开展经济外交的过程与结果。

在跨国经济联系层面，20 世纪 80—90 年代日本主导建立的东亚“雁行模式”（Geese-flying Pattern）是泰国等东南亚国家早期融入国际分工网络与全球价值链的主要方式。在“雁行模式”下，日本主要负责产业链上的研发设计环节，东亚“四小龙”则负责零部件生产，而中国内地和东亚“四小虎”则承担加工组装任务。[①] 借助这一模式，泰国当时得以凭借相对较低的劳动力成本等优势在全球价值链中占据一席之地。

在国际制度建设层面，21 世纪以来，中国、日本

① 罗仪馥：《东亚产业链变迁与跨越“中等收入陷阱”——以泰国的经济发展为例》，《东南亚研究》2021 年第 1 期。

和韩国分别与东盟建立了10+1领导人会议、10+3领导人会议和自由贸易安排等机制（见表3－1），构成了东亚经济合作的制度基石，也推动了区域层面全球价值链的发展。每年举行一次的10+1与10+3系列领导人会议为东亚各国增进政治互信提供了宝贵平台，中国、日本、韩国等国与东盟之间关于经济合作的诸多初步构想或倡议都是在10+1、10+3等机制下的会议上提出的。东盟—中国自由贸易区、东盟—韩国自由贸易协定和东盟—日本全面经济伙伴关系（AJCEP）等自由贸易安排致力于降低相关国家与包括泰国在内的东盟成员国之间的贸易壁垒，也为相关国家对东盟成员国的直接投资提供更为便利的条件，客观上带动了相关国家对泰国的直接投资并建设加工厂，也便于在泰国生产的最终产品返销至这些国家，直接强化了泰国对以日本等国为主导的跨国产业链或全球价值链的嵌入。

表3－1　　东南亚/东亚主要的地区合作机制概况

机制名称	成立时间	成员
东盟（ASEAN）	1967年	马来西亚、新加坡、泰国等十国
东盟与中日韩（10+3）领导人会议	2001年	东盟十国，中日韩
东盟—中国（10+1）领导人会议	2005年	东盟十国，中国
东盟—日本（10+1）领导人会议	2005年	东盟十国，日本
东盟—韩国（10+1）领导人会议	2005年	东盟十国，韩国

续表

机制名称	成立时间	成员
东亚峰会（EAS）	2005 年	13 个成员国（东盟十国与中日韩），5 个观察员
东盟自由贸易区（AFTA）	2002 年	东盟十国
东盟—中国自由贸易区	2010 年	东盟十国，中国
东盟—韩国自由贸易协定	2005 年	东盟十国，韩国
东盟—日本全面经济伙伴关系	2008 年	东盟十国，日本

资料来源：笔者根据相关网站信息及新闻报道整理。

四　泰国参与全球价值链所面临的机遇

国际形势风云变幻，而变化意味着新的机遇。中短期内泰国参与全球价值链的机遇主要来自于国际（尤其是泰国所处的区域）层面，重点表现为 RCEP 生效所带来的利好。此外，数字经济作为一种新经济形态在全球范围内兴起，并成为影响全球价值链的重要因素。泰国本身具有的一定优势使其更易于从数字经济的发展中获益，并借此突破其目前参与全球价值链的困境。

（一）RCEP 生效对泰国参与全球价值链的促进作用

就国际环境而言，一方面，现阶段大国战略竞争激化、新冠疫情蔓延以及 WTO 改革受阻等诸多现实条件使经济全球化难以实现新的突破。全球价值链的发展因此还出现了断裂、重组与回缩的“逆潮”，除以越南为代表的新兴发展中国家能够清晰显见地从中获得发展机遇外，其他大多数国家主要面临风险或不确定性，泰国总体而言属于后者。[①] 但另一方面，伴随着逆全球化浪潮的兴起，区域一体化却得到加强，[②] RCEP 便是在这种背景下加速成型，并于2022 年1 月1 日正式生效。作为有史以来泰国所参与的规模最大的区域自贸协定，RCEP 或许可以为泰国突破现有的全球价值链地位困境创造契机。

RCEP 文本中与全球价值链的发展密切相关的条款主要包括消除关税壁垒、支持区域产业链供应链发展和便利外国直接投资三个方面，并将从以下三个角度对泰国参与全球价值链产生影响。

第一，RCEP 可能强化泰国在国际贸易维度融入全球价值链的表现。RCEP 致力于消除关税壁垒，成员之间的关税减让承诺以“立即降至零关税”和“十年内降至零关税”两种形式为主，最终在货物贸

---

① 李坤望、马天娇、黄春媛：《全球价值链重构趋势及影响》，《经济学家》2021 年第 11 期；杨丹辉、渠慎宁：《百年未有之大变局下全球价值链重构及国际生产体系调整方向》，《经济纵横》2021 年第 3 期；罗仪馥：《全球价值链重构与中国对越投资前景》，《云大地区研究》2019 年第 2 期。

② 张宇燕：《全球化、区域化和平行体系》，《世界经济与政治》2020 年第 1 期。

易方面的整体开放水平将超过90%。据泰国商务部国际贸易谈判厅的统计，在协议生效后，RCEP成员自泰国进口立即减为零关税的商品多达29891种，其中包括汽车及零配件、塑料、化学品、电子设备零件以及电脑及配件等制造业中间品；另外还有近万种商品的关税将在10—20年逐步降至零。[①] 在这一前提下，泰国面向RCEP成员国的中间产品或增加值贸易规模将有所扩大，未来其在国际贸易维度融入全球价值链将有更加突出的表现。

第二，RCEP可能使泰国对全球价值链的参与进一步由全球层面聚焦至区域层面。事实上，RCEP内部已形成紧密的产业链关联，主要表现为中间产品贸易在RCEP成员国之间的贸易中占据主体地位，2017年RCEP国家与其他成员国的前、后向关联度占各国境外总关联度的比重普遍超过40%，泰国也不例外。[②] 近年来，泰国所参与的对外经济活动高度集中在亚太区域，尤其是RCEP成员范围内。在贸易方面，中国、日本、新加坡、马来西亚、越南、澳大利亚等RCEP

---

① 《自2022年1月1日RECP生效开始，泰国进口产品超2.9万种减税到0%》，2021年11月9日，中华人民共和国驻泰王国大使馆经济商务处，http：//th. mofcom. gov. cn/article/jmxw/202111/202111032162 18. shtml。

② 陈凤兰、陈爱贞：《RCEP区域产业链发展机制研究——兼论中国产业链升级路径》，《经济学家》2021年第6期。

成员国在泰国的主要贸易伙伴排名中均位居前列；在投资方面，2014 年以来，每年来自 RCEP 成员国的 FDI 占泰国吸收 FDI 总存量的比重都高于 55%，2020 年更创历史新高，达到 58%。[①]

在此基础上，RCEP 采用“区域原产地累积”规则，即允许货物的原产成分在 RCEP 成员国之间进行累积，降低产品获得协定项下原产资格的门槛，促进生产要素在区域内的自由流动，为成员国之间的生产分工合作提供更加便利的条件，同时减少成员国对区域外增加值的依赖，最终促进区域产业链供应链的发展。对泰国而言，这一变化意味着中间产品和增加值的输入来源将更加集中在 RCEP 成员国范围内，面向相关国家输出中间产品与增加值的动力也更大，客观上使泰国对全球价值链的参与更加聚焦于亚太区域层面。此外，与全球层面的价值链相比，现阶段亚太区域层面的价值链衍生自“雁行模式”下的跨国生产网络，区域价值链的紧密度和黏性较高，抵御大国战略竞争等国际因素冲击的能力也相对较强。[②] 从这个角度看，由全球转向区域层面，还有利于泰国对价值链的稳定参与。

① 详细数据请参见 ASEAN（https：//data. aseanstats. org/）。

② 倪月菊：《RCEP 对亚太地区生产网络的影响——一个全球价值链视角的分析》，《东北师大学报》（哲学社会科学版）2021 年第 3 期。

第三，RCEP 或许可以成为倒逼泰国本土企业成长与真正融入全球价值链的动力。RCEP 在促进外国直接投资便利化方面多有发力。协定要求成员国采用负面清单的方式取消或放宽对制造业、农业、林业、渔业和采矿业投资的限制性措施，提高相关规则透明度与协调度，降低外国投资者在 RCEP 成员国设立公司的时间成本等。这意味着 RCEP 成员国之间直接投资的门槛将有所降低，不过，这并不等同于泰国在 RCEP 生效之后可以吸引更多的外国直接投资。一方面，RCEP 在某种程度上弱化了东南亚国家之间的差异性，泰国在吸引外资方面的政策优势，在越南、柬埔寨等新兴发展中国家中也有所体现；另一方面，越南等国的劳动力成本优势更加突出，在参与中低端制造业或中高端产业的低端环节上更具有竞争力，越南等国近年来也确实成为外国直接投资的新热土。[①] 此外，泰国与越南等国参与全球价值链的环节相似，目前都以中低端环节为主，[②] 相关国家存在客观的产业竞争关系。[③]

---

① 聂慧慧：《越南：2020 年回顾与 2021 年展望》，《东南亚纵横》2021 年第 1 期。

② 李颖婷、崔晓敏：《亚洲产业链：现状、演变与发展趋势》，《国际经济评论》2021 年第 2 期。

③ 张彦：《RCEP 区域价值链重构与中国的政策选择——以“一带一路”建设为基础》，《亚太经济》2020 年第 5 期。

基于此，未来泰国在吸引外国直接投资上可能需要面临来自越南等国的更大竞争压力，即外国直接投资将优先选择越南等国而非泰国，而缓解这种压力的关键在于发掘泰国在劳动力成本以外的要素优势或者其他泰国特有的政策优势。与越南等新兴发展中国家相比，泰国启动工业化进程与经济起飞的时间较早，虽然目前经济发展尚未实现从中等收入水平向高收入水平的跨越，但还是具有一定的“先发”优势，主要表现为泰国企业通过外资企业引进了更多的技术和积累更多的经验、劳动力素质有所提高、企业成长的条件相对更为成熟。因此，若外国直接投资热度下降，泰国所能依赖的外资相对减少，其企业反而可能获得更大的成长空间，更加独立地融入跨国分工网络之中，并促进泰国对全球价值链的实质参与。不仅如此，由于外国直接投资主要进入中低端产业或高端产业的低端环节，泰国减少对外资的依赖以及本土企业的成长可能还有助于提升泰国在全球价值链中的地位。

综上所述，RCEP 生效可以促进泰国与成员国之间的中间产品或增加值贸易，有助于泰国以既有的方式进一步融入全球尤其是区域价值链中；RCEP 还有助于促进区域内部直接投资的自由化与跨国生产分工的深化，但在越南等其他 RCEP 成员国的竞争压力下，泰国吸引外国直接投资的难度增加，这可能倒逼泰国本土企业成长，并在一定程度上缓解其实质上游离于全球价值链之外的处境。

（二）数字经济兴起为泰国参与全球价值链创造新空间

2019 年全球数字经济体量为 31.8 万亿美元，占当年 GDP 比重高达 41.5%。[①] 而从增长速度来看，2019 年全球数字经济平均增速为 5.4%，比同期全球 GDP 增速高 3.1%。[②] 2020 年，新冠疫情的蔓延使以“无接触”为特点的在线医疗、远程办公与教学、线上消费等数字经济下的新业态或新模式更加盛行。数字经济本身具有相对独立的增长潜力，它被视为疫情后各国经济复苏的新抓手以及世界经济增长最为关键的动力源之一。

数字经济的增长从根本上依托于数字技术的发展和数字基础设施的改善，其直接表现是数字产品或服务的增多与贸易规模的扩大。后疫情时代数字经济在

---

① 中国信息通信研究院：《全球数字经济新图景（2020 年）——大变局下的可持续发展新动能》，2020 年 10 月，http：//www. caict. ac. cn/kxyj/qwfb/bps/202010/t20201014_359826. htm。

② 中国信息通信研究院：《全球数字经济新图景（2020 年）——大变局下的可持续发展新动能》，2020 年 10 月，http：//www. caict. ac. cn/kxyj/qwfb/bps/202010/t20201014_359826. htm。

体量上的转型发展，也将通过这三个方面呈现出来。首先，在数字技术方面，未来数字经济的支柱——计算机、互联网、人工智能、大数据、云计算等各种技术更新换代的周期将日益缩短。其次，在数字基础设施建设方面，以5G基站、宽带等为代表的数字基础设施扩建速度加快。在2020年疫情背景下，中国依然新增了58万个5G基站，累计建成5G基站总数达71.8万个，日本、韩国和德国等国也制定了扩大数字基建投资的计划，[①] 预计未来几年全球数字基础设施条件将进一步实现质的提升。再次，在数字产品与服务方面，数字产业化和产业数字化两大方向齐头并进，前者将数据作为生产要素，是一种内容上的创新；后者则借助数字技术对传统产业进行革新，这是一种形式上的创新，两者共同提供了更多的数字产品或服务，也带动了相关贸易的发展。数字贸易总体上以数字服务贸易为主，2019年全球数字服务出口规模达31925.9亿美元，占服务出口的52%，占总出口的12.9%；2020年前两个季度中，在其他服务出口都呈现负增长的情况下，中国的数字服务出口依然保持3%—5%的增长率，美国数字服务出口规模的缩减

① 中国信息通信研究院：《全球数字经济新图景（2020年）——大变局下的可持续发展新动能》，2020年10月，http：//www.caict.ac.cn/kxyj/qwfb/bps/202010/t20201014_359826.htm。

程度相比于其他服务出口而言也明显较小。[①] 由此可预见，数字（服务）贸易将成为疫情后全球贸易的新增长点。

后疫情时代数字经济转型的另一个重要表现是全球数字经济格局的变迁。疫情前的数字经济主要集中在发达国家，其体量占全球数字经济总规模的比重一度达到75%，这一阶段的全球数字经济格局总体上以发达国家为主导。但经历了疫情的考验，以中国为代表的发展中国家数字经济的竞争力迅速崛起，全球将由此逐渐形成中美两强竞争的数字经济格局，而且竞争烈度可能日趋激烈。在这一格局下，中国和美国各自所处的亚洲和北美也将成为未来全球数字经济的两大高地，其中尤以亚洲（东亚）的发展前景最为可观。

数字经济格局特指世界各国数字经济实力的分布，而数字经济实力首先通过数字经济的规模来衡量。2019年，中国的数字经济规模为51954亿美元，位居世界第二，虽然与美国130652亿美元的规模尚存较大差距，但中国数字经济增速远超美国，2019年高达15.6%，位居全球首位，而同年美国数字经济

① 中国信息通信研究院：《数字贸易发展白皮书（2020年）》，2020年12月，http://www.caict.ac.cn/kxyj/qwfb/bps/202012/t20201216_366251.htm。

增速仅为6%左右。[①] 2020年以来也是中国数字经济突飞猛进的时期，电子商务、人工智能（AI）物流运输、在线办公与教育在线服务等各种形式的数字经济都表现出可观的增长活力。

以此为背景，中国数字经济规模赶超美国指日可待，中美围绕数字技术和市场的竞争也将难以避免。事实上，中美围绕数字经济的竞争在疫情之前和疫情期间就已初见端倪。2018年以来，美国对于中国多个信息通信技术（ICT）企业的打压或制裁，其实就是美国竭力维持其数字经济的绝对领先地位、抑制中国数字经济崛起的政策体现。[②] 在后疫情时代，随着数字经济规模的逐步扩大，中国将以提高数字技术水平为根本之策，在扩大数字贸易、制定数字经济多边规则、规范数字企业跨国活动等方面发挥更加主动且积极的作用。这将在客观上进一步加剧中美两国在数字经济领域的利益碰撞。

在以中美为主导的数字经济格局中，亚洲（尤其是东亚各国）可能成为大国竞争的“主战场”。相对于世界其他地区而言，亚洲数字经济的增长势头最为

① 中国信息通信研究院：《全球数字经济新图景（2020年）——大变局下的可持续发展新动能》，2020年10月，http://www.caict.ac.cn/kxyj/qwfb/bps/202010/t20201014_359826.htm。

② 阎学通：《数字时代初期的中美竞争》，《国际政治科学》2021年第1期。

强劲。2019 年亚洲数字经济增速为 7.7%，其次为美洲，约为 5.7%；增速最低的是欧洲，仅为 2.0%。[①] 而在 2020 年间，除中国外，东亚其他国家数字经济也取得突破性发展：东南亚互联网交易总额超过 1000 亿美元，预计至 2025 年市场规模将突破 3000 亿美元，其中泰国、越南和印度尼西亚数字经济总体规模的增速位居全球前十；[②] 而作为在数字经济领域具有较强竞争力的高收入国家，日本、新加坡与韩国等国在疫情期间也分别出现了数字企业创业潮，未来数字经济有望迎来增长新高峰。基于庞大的人口和互联网用户规模，东亚地区市场潜力巨大，未来可能成为中美在数字经济竞争中重点抢占的区域。

泰国的数字经济发展潜力巨大，使其在上述国际大环境下更容易获取利益，并为其在全球价值链中实现地位转型与升级创造新的契机。数字产业本身可以像普通制造业一样成为全球价值链的载体，而泰国的数字产业规模与发展潜力有助于其抢先融入数字产业的全球价值链。泰国数字经济形式与内容日趋多元，目前已涵盖电子商务、在线媒体、网络医疗、在线教

① 中国信息通信研究院：《全球数字经济新图景（2020 年）——大变局下的可持续发展新动能》，2020 年 10 月，http://www.caict.ac.cn/kxyj/qwfb/bps/202010/t20201014_359826.htm。

② 《东南亚数字经济加速发展——互联网交易总额二〇二〇年突破一千亿美元》，《人民日报》2021 年 1 月 19 日第 17 版。

育、网络叫车、外卖点餐等。2020 年，泰国数字经济商品总值约 5400 亿泰铢，同比增长 7%；疫情期间电子商务市场估计增长 81%，预计 2025 年，数字经济价值将达到 1.59 万亿泰铢，年均增长率约为 25%。[①] 与此同时，泰国数字消费市场潜力巨大。从 2020 年至 2021 年上半年，泰国新增数字消费者约 900 万人，其互联网用户消费数字服务的比重超过 90%，泰国的数字消费普及率在东南亚地区已位居第二。[②]

---

① 《疫情期间泰国数字经济增长 81%》，2021 年 1 月 22 日，中华人民共和国商务部，http://th.mofcom.gov.cn/article/jmxw/202102/20210203037461.shtml。

② 《泰国 2021 年互联网经济价值近万亿铢》，2021 年 11 月 15 日，中华人民共和国商务部，http://th.mofcom.gov.cn/article/jmxw/202111/20211103217864.shtml。

五　泰国参与全球价值链所面临的挑战

在享受新机遇的同时，泰国在国际国内新形势下参与全球价值链也面临一定的挑战。在国际层面，泰国已经或可能面临的挑战包括以 WTO 等国际机制发展受阻等为标志的逆全球化浪潮，2020 年以来新冠疫情延宕反复对泰国参与国际生产分工造成的冲击，以及越南等新兴发展中国家给泰国带来的竞争压力；而在国内层面，泰国经济社会发展的一系列不确定因素或短板持续存在，在中短期内依然是限制泰国更好地参与全球价值链的重要因素。

（一）WTO 发展受阻与逆全球化浪潮

自 1995 年以来，经济全球化尤其是全球层面自由贸易秩序的形成与维系长期有赖于 WTO 的建立与顺利运作。[①] 然而，WTO 本身的发展并非总是一帆风顺的，这也使经济全球化的发展面临诸多变数。

首先，WTO 多哈回合贸易谈判举步维艰，难以有效满足世界各国日益增长的自由贸易需求。自2001 年以来，重点围绕农业、服务业与知识产权等主题展开的多哈回合谈判长期进展缓慢，截至目前在降低贸易壁垒方面取得的显著成就仅有 2013 年第九届部长级会议通过的《巴厘一揽子协定》（也称《贸易便利化协定》），该协定涉及海关通关程序简化、发展中国家粮食安全保障与最不发达国家的发展等多个议题。[②] 此后，谈判再次陷入僵局，至今仍未取得进一步的进展。

其次，WTO 的困境还体现在争端解决机制中的核心制度安排——WTO 上诉机构已深陷停摆危机。从奥巴马政府后期以来，美国一再使用“一票否决权”阻止上诉机构新法官的遴选，导致该机构法定的七位法官人数随着各位法官期满离任而一减再减，截至 2019 年 12 月，仅剩的三位法官中两位任期届满，WTO 上诉机构不得不宣布停摆。此外，2019 年年底美国还宣

① Nitsan Chorev, “The Institutional Project of Neo-liberal Globalism: The Case of the WTO”, *Theory and Society*, Vol. 34, No. 3, 2005, pp. 317 - 355.

② “The Doha Round”, World Trade Organization (WTO), https://www.wto.org/english/tratop_e/dda_e/dda_e.htm.

布并实施了对上诉机构2020年的预算限制，使该机构面临资金短缺的窘境。[①] 此后一段时期内，WTO争端解决职能的行使只能通过WTO专家组基于当事双方自愿原则作出仲裁这一临时且相对初级的方式来实现，极大地限制了WTO在国际贸易中争端解决功能的发挥。

再次，由于成员国之间利益矛盾日益突出，WTO改革进退维谷，这也是该组织陷入困境的表现之一。伴随着多哈回合谈判与争端解决机制的不断受挫，推进WTO改革的呼声也日益高涨。但WTO改革所涉议题众多，各成员国在具体议题上的根本利益分歧巨大，难以协调。具体而言，在争端解决机制的改革问题上，美国与包括欧盟、中国和印度等在内的WTO其他成员持明显对立的立场；[②] 而针对美国高度关注的发展中国家成员地位与特殊待遇问题，以中国为代表的发展中国家与美国长期交锋激烈；[③] 针对非市场化的政策与做法，美日欧三方又在针对中国经济体制

① "Farewell speech of Appellate Body member Thomas R. Graham", World Trade Organization (WTO), https://www.wto.org/english/tratop_e/dispu_e/farwellspeechtgaham_e.htm.

② 张玉环：《WTO争端解决机制危机：美国立场与改革前景》，载王缉思主编《中国国际战略评论2019（下）》，世界知识出版社2019年版，第105—119页。

③ 徐清军、高波：《WTO改革的发展议题之争及解决之道——"共同但有区别的责任"视角》，《世界经济与政治》2009年第12期。

上建立了共识。[①] 这些分歧既包含了世界各主要经济体对于贸易利益的高度关切，也是各国争取国际贸易规则制定的参与权甚至主导权的集中体现。这意味着WTO改革需要克服国际政治与经济关系中的多重障碍，在中短期内可能难以取得显著成效。2020年5月，WTO总干事阿泽维多主动请辞并提前离任，对正处在风雨飘摇中的WTO而言无疑又是一大重击。WTO本身的沉疴积弊固然不可忽视，但自特朗普政府上台以来，美国政府在经济外交上采取的一系列单边主义与本土主义行动，[②] 则成为WTO近年来一再沦陷的导火索与助推器。

随着WTO困境的日益凸显，经济全球化发展受阻，泰国最初融入全球价值链的有利因素也逐渐弱化。一方面，全球价值链的正常与稳定运作主要建立在原材料、中间产品与最终消费品等各类产品的低成本与低壁垒跨国运输基础上，换言之，全球价值链的形成与发展高度依赖全球自由贸易秩序的运行。而作为全球自由贸易秩序的基石，WTO面临诸多困境，自由贸易秩序将受到冲击，全球价值链的运作难免也遭受阻碍。对泰国等在全球价值链上处于中下游的国家而言，

---

① 全毅：《各国WTO改革方案比较与中国因应策略》，《亚太经济》2019年第6期。

② 李巍、张玉环：《“特朗普经济学”与中美经贸关系》，《现代国际关系》2017年第2期。

其从全球进口原材料和中间产品，再向世界出口最终消费品的阻力可能有所加大。

另一方面，在WTO对其成员国约束力有所下降的同时，以美国为代表的发达国家对外经济政策的保护主义倾向日益凸显。2018年以来，美国等发达国家先后制定“再工业化”战略，核心在于重振基础制造业，同时保护中端制造业与加强高端制造业。[①] 这意味着发达国家政府可能引导其企业将加工制造等价值链中低端环节回流至其国家内部，对长期依靠发达国家跨国企业对外投资来融入全球价值链、主要聚集在价值链中低端的泰国等发展中国家而言，有可能进一步导致其参与全球价值链的既有空间逐渐收缩。

（二）新冠疫情延宕对国际生产网络的冲击

2020年年初以来，随着新冠疫情在全球范围内的迅速扩散，多国生产活动临时中断，跨国贸易运输也有所阻滞，部分跨国产业链的运转被迫按下暂停键，一些跨国公司甚至开始调整原产业链的全球布局。在2020年第一季度，就有半数日本企业在美国、欧洲的

① 阳镇、陈劲、李纪珍：《数字经济时代下的全球价值链：趋势、风险与应对》，《经济学家》2022年第2期。

工厂宣布停工，日立制作所和大金工业等企业位于马来西亚的工厂和日本汽车企业位于泰国的整车工厂也相继停产；韩国现代汽车、三星电子和LG电子等大型跨国企业宣布暂时关停其在欧洲、美国、印度等地的工厂，其中三星电子和LG电子已着手将部分产能转移至疫情相对稳定的越南等国；谷歌和微软正在加速将新手机、个人电脑和其他设备的生产环节从中国转移到泰国、越南等地。

综合来看，工厂停工只是疫情冲击下的暂时现象，在各国疫情稳定之后，由停工引致的供应链断裂与整体产业链停摆等短期危机也将迎刃而解。但此次疫情的影响可能并不止步于此。从长远来看，疫情暴露出的全球产业链的脆弱性引发了各国政府与跨国企业对原有产业链布局的重新审视，疫情之后跨国产业链的全面重构也许难以避免。

事实证明，在经济全球化时代形成的这种“一体式”的跨国产业链之下，无论哪一个环节“休克”，通过上下游传导，产业链上的其他环节最终都将无一幸免，尽管各个环节受冲击的速度和程度可能存在差异。此次疫情对跨国产业链的影响生动地展现了各国生产活动之间存在“牵一发而动全身”的密切关联，也在一定程度上印证了跨国产业链的高附加值环节(即处于“微笑曲线”两端的研发设计环节与消费环节）承担者相对于低附加值环节（以加工制造为主）承担者的优势——后者的可取代性较大，在产业链调整中也相对被动，更有可能成为产业链停摆或调整的首要牺牲者。此外，此次疫情的经验也说明，一个产业或产品的跨国产业链越长，分工越专业化，其包含的内在风险也越大，全球产业分工较为复杂的汽车制造业在此次疫情中首当其冲就是一个有力的证明。在这一大环境下，原本较为被动参与全球价值链的泰国更难以独善其身。

（三）越南等新兴发展中国家对泰国构成的竞争压力

从21世纪第二个十年开始，尤其是2018年中美贸易摩擦以来，越南、柬埔寨等东南亚地区的新兴发展中国家日益受到关注。在泰国等东南亚国家劳动力成本优势逐渐丧失的背景下，越南、柬埔寨等国相对低成本且丰富的劳动力成为其吸引外来直接投资的巨大优势。[①] 如图5－1所示，2001年以来，越南和柬埔寨吸引外来直接投资金额总体呈上升趋势，相比较之下，泰国吸引外来直接投资流量

① 罗仪馥：《全球价值链重构与中国对越投资前景》，《云大地区研究》2019年第2期。

的波动程度较大。从 2014 年开始，越南吸引外资的额度已经稳定超越了泰国。尤其在 2018—2020 年间，泰国吸引外资流量呈现逐年下降甚至负值的情况，越南却不断突破吸引外资规模的新高峰，两者形成了鲜明对比。越南吸引外资的主要产业类型是制造业，尤其是制造业产业链上的加工组装部门。因此，外来直接投资规模的扩大，意味着越南等国正在日益广泛地挤进全球价值链尤其是东亚产业链上的中低端环节。尽管越南外来直接投资流量的上升部分得益于中美贸易摩擦下一些跨国企业将其在中国的生产基地迁至越南的产业转移浪潮，但越南而非泰国成为相关企业产业转移的优先选择，说明

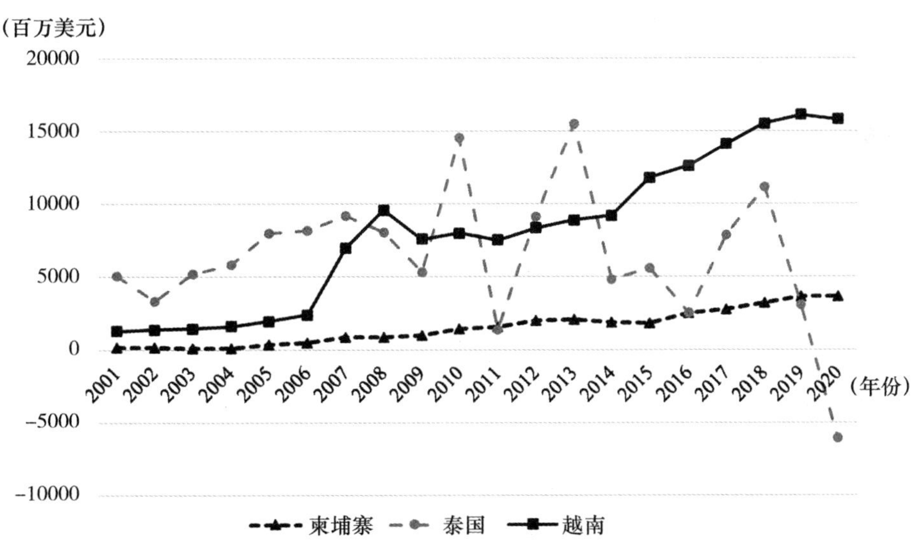

图 5－1　2001—2020 年泰国、越南与柬埔寨吸引外来直接投资流量

资料来源：UNCTAD。

在参与全球价值链中低端环节上，越南逐渐成为泰国强有力的替代选项或竞争对手。近年来，泰国吸引外来直接投资流量的下降和越南的上升这一对比结果就是上述情形的直观写照。

越南等国对于泰国参与全球价值链的竞争压力还体现在，前者作为新兴发展中国家，其整体经济发展活力在一定程度上强于正处于经济发展“瓶颈期”的泰国。泰国尚处于中等收入阶段，与高收入国家水平还存在较大差距，而且近年来泰国的经济增长率已经明显放缓，说明泰国经济发展已经到达“瓶颈期”，或者说已经陷入“中等收入陷阱”。[①] 相比较之下，越南刚刚实现经济起飞，近年来正处于经济增长势头强劲的阶段。如表 5 - 1 所示，自 2000 年以来，泰国 GDP 增长率呈现明显的下降趋势，2015—2020 年已降至 2.07%；而越南的 GDP 增长率长期在 6% 上下浮动，2000—2005 年甚至高达 7.29%。虽然经济增速下降属于泰国自身的问题，但在强势崛起的越南等国的衬托与加压下，泰国突破经济发展瓶颈的紧迫性更加突出，其参与全球价值链的进退空间也可能进一步受限。

---

① 罗仪馥：《东亚产业链变迁与跨越“中等收入陷阱”——以泰国的经济发展为例》，《东南亚研究》2021 年第 1 期。

表 5-1 1992—2020 年泰国、越南与柬埔寨 GDP 增长率 (单位:%)

	1992—1995 年	1995—2000 年	2000—2005 年	2005—2010 年	2010—2015 年	2015—2020 年
柬埔寨	6.06	7.17	9.09	6.39	7.21	5.78
泰国	8.24	-0.25	5.77	3.27	3.11	2.07
越南	8.82	6.73	7.29	6.23	5.81	6.27

资料来源：UNCTAD。

（四）泰国的国内经济发展短板

从国内层面看，泰国参与全球价值链面临的挑战主要在于其经济社会发展所固有的短板，具体包括经济增长动能有所下降、经济领域的制度建设尚不完善、行政效率有待提高、政局不稳定因素仍然存在等。

第一，泰国经济增长动能有所下降，经济转型升级压力较大。经济增长动能是一国国内各类生产要素、发展条件等集中发挥作用的结果。随着一国经济水平的提高，经济增速有所下降是较为普遍的规律，对发展中国家而言，这也是促使其经济转型升级的内在压力。现阶段，泰国与越南等新兴发展中国家相比经济增长动能相对不足，意味着前者可能更加迫切地面临经济转型升级的压力，这种升级甚至需要以社会转型与制度演变为支撑，难度与风险几可预见。

第二，泰国在经济领域的制度建设有待完善，尤其是金融体系建设仍存在一些不足。具体而言，金融部门、融资模式与监管体制这三大金融体系的重要组成部分发展尚不成熟。泰国经济发展高度依赖国际投资，因此对国际经济波动非常敏感。泰国自身抵御风险的能力不足，外汇市场和实体经济市场易受国际金融环境的影响。以 1997—1998 年亚洲金融危机为例，此次危机源于 20 世纪 80—90 年代日本等国对泰国等东南亚国家的巨额国际投资。在这一投资热潮中，泰国的币值被严重高估，资产价格居高不下。而该国内部又缺乏相对成熟的金融体系进行调控，只能任由资产泡沫不断膨胀，最终在国际对冲基金的攻击下，泰国国内资本大量外逃，泰铢被迫大幅度贬值，金融危机爆发并蔓延至韩国、中国香港等其他东亚经济体。而在亚洲金融危机之后，泰国并未对其国内金融体系进行大幅度的改进，此前引发金融危机的内部根源，即金融体系建设尚不完善目前还是泰国经济社会发展的一大隐患。

第三，泰国行政效率有待提高，贪污腐败问题仍是制约经济社会发展的因素之一。根据透明国际（Transparency International）的调查与统计，泰国在 2021 年的“腐败指数”得分为 35 分，全球排名第 110 位，不仅低于马来西亚、印度尼西亚和越南等其他东南亚国家的得分与排名，而且与上一年份相比得分下降 1 分，排名也后退了 6 位。[1] 腐败问题极大地增加了泰国国内经济与社会活动的不确定性与成本，在相关行政审批与服务环节的效率也有所下降。尤其在吸引外来直接投资方面，这已成为泰国的一大短板。

第四，自巴育再次当选总理以来，泰国政治不稳定因素仍然存在并时有抬头。2019 年，巴育在大选中获胜并连任总理之后，泰国内部的政治分裂有所加剧。以王室和军队为核心的保守派为“挺巴育”一派，以他信为首的新资本集团、中下层民众和以塔纳通为首的互联网网民一族构成“反巴育”一派，双方针锋相对，后者还发起了多场反政府的街头运动。[2] 2020 年，在新冠疫情等突发性事件的刺激下，泰国国内还爆发了要求限制君主权力的大规模抗议活动。[3] 虽然上述政治与社会运动在短期内得到一定的抑制，但其背后的政治裂隙并未得到修复，不排除未来进一步演化成为政治动乱的可能性。

上述国内因素或许与泰国参与全球价值链并不直

---

① 详细数据请参见 Transparency International（https：//images.transparencycdn.org/images/CPI2021_Report_EN-web.pdf）。

② 周方冶：《泰国政治分歧及对中泰关系影响》，《当代世界》2020 年第 7 期。

③ 杨帆、程晓勇：《“普密蓬胶着”的形成与崩解——泰国近期政治乱局及未来走向剖析》，《南洋问题研究》2021 年第 4 期。

接相关，但作为其内部深层次且较难根除的难题，它们影响着泰国经济社会发展的方方面面，并可能最终波及泰国对全球价值链的参与。事实上，近年来外国对泰国直接投资的下降，就在一定程度上受到2019—2020年泰国国内政治不稳定预期等因素的影响。从长远看，泰国难以自主实现产业转型升级并最终导致其较难提升在全球价值链中的地位，其实也表现为泰国经济转型的困境，并根源于该国内部的一系列制度症结。

六 结论与启示

本报告的基本结论是：从国际贸易角度解读，泰国融入全球价值链的程度与深度逐渐强化，但若将跨国投资纳入考量，泰国在某种意义上又是游离于全球价值链之外的。国内层面的物质性与制度性条件，以及国际层面的经济全球化与区域经济一体化等因素共同造就了泰国这一参与全球价值链的矛盾性现状。当前及未来一段时间，泰国参与全球价值链所面临的机遇主要包括两个方面，一是 RCEP 生效对区域经济一体化的强化作用，二是数字经济作为一种新经济形态的兴起为泰国参与全球价值链创造新的空间。与此同时，未来泰国参与全球价值链还将面临四个方面的挑战，分别是 WTO 发展受阻背景下的逆全球化浪潮、新冠疫情对国际分工网络的冲击、越南等新兴发展中国家的崛起对泰国带来的竞争压力以及泰国本身的经济社会发展短板等。基于上述研究过程与结论，本报告的价值与启示主要包括以下三个方面。

第一，通过对泰国这一典型国家的研究来强调与证实，当我们考察一国参与全球价值链的情况时，应该更加全面地考虑国际贸易、直接投资与跨国生产等多个维度的表现，才能使该国参与全球价值链的面相更加立体化，也才能透过“量”的表象看到“质”的本体。

第二，本报告并非否认跨国投资的意义，相反，如果没有发达国家的跨国直接投资，很多发展中国家或新兴经济体甚至难以在全球价值链中占据一席之地，也无法在较短时间内实现经济起飞。本报告的目的在于厘清像泰国这样的发展中国家参与全球价值链的表象与本质，进而引发另一个层面的反思：对于泰国及其类似发展中国家而言，在实现“代理式融入”全球价值链后，如何摆脱其在全球价值链上的实际游离状态，最终达到对全球价值链的真正融入？

第三，在更深远的层次上，本报告还涉及一国的对外开放问题。从长期以来世界各国经济发展的经验来看，对外开放对于一国经济起飞与发展的意义已无须多加强调，问题的关键应该在于如何开放或者对外开放的适度性，这也是本报告对泰国参与全球价值链地位困境成因分析所衍生出的更高层次的问题。在这一问题上，泰国经验为其他中小规模发展中国家提供的启示在于，一国在对外开放的过程中，需要把握好速度与范围，不能激进地在贸易、投资与金融领域全盘开放，避免在未培育起一定的产业与经济发展自主权之前，就将本国经济置于外来资本的干预甚至控制之下。较为理想的开放过程应该表现为在贸易、投资与金融领域缓慢且逐步实现对外开放。①

在实践层面，本报告也为泰国突破当前参与全球价值链困境提供一些启示。通常而言，一国参与全球价值链重构主要分为三种方式：一是嵌入全球价值链，二是构建国家价值链，三是主导区域价值链。② 对于泰国而言，嵌入全球价值链是其过去数十年以及现阶段参与全球价值链的主要方式，从泰国既有的经验与当前的国内外条件看，未来中短期内泰国参与全球价值链还将继续以这种方式为主导，关键在于如何突破泰国在全球价值链中的地位困境，持续扩大泰国参与全球价值链的规模，并寻求提升泰国在全球价值链中的地位。

第一，持续加强对亚太尤其是东亚区域经济合作的参与。如前所述，东亚与亚太地区是泰国对外经济合作的重心。以 RCEP 生效为标志，亚太区域经济一体化达到新的高度，RCEP 也有望成为助力泰国突破全球价值链困境以及更深入参与全球价值链的新机遇。

---

① 罗仪馥：《对外经济政策、产业扩张模式与经济发展——基于韩国与泰国的比较分析》，《当代亚太》2020 年第 4 期。

② 宋怡茹、喻春娇、白旻：《中国高技术产业如何参与全球价值链重构?》，《科学学研究》2021 年第 9 期。

在此基础上，泰国还可以进一步强化对东亚区域经济合作的参与，包括加快申请加入 CPTPP 的步伐，增强泰国的贸易竞争力与投资吸引力；与相关国家一起推动东盟 FTA、中国—东盟 FTA、韩国—东盟 FTA 和日本—东盟 CEP 等自由贸易安排的升级谈判，有效提升区域内自由贸易水平等。

第二，加强与中国的“一带一路”国际合作，为泰国产业与经济转型发展持续注入动力。中国提出的共建“一带一路”倡议是以共商共建共享为原则，以政策沟通、设施联通、贸易畅通、资金融通、民心相通为重点的经济合作倡议，致力于“推动形成普惠发展、共享发展的产业链、供应链、服务链、价值链，为沿线国家加快发展提供新的动能”。[①] 共建“一带一路”倡议的这一定位符合当前泰国突破其参与全球价值链困境的现实需求。一方面，该倡议可以为泰国引进更多的外来投资，确保泰国在中短期内不因外来投资规模的缩小而降低对全球价值链中低端的参与；另一方面，与以往泰国依赖外资融入全球价值链并实现经济起飞的情形略有不同，共建“一带一路”倡议强调的是“共享发展”以及“促进沿线国家实现产业结

① 《共建“一带一路”倡议：进展、贡献与展望》，2019 年 4 月 22 日，中国一带一路网，https：//www. yidaiyilu. gov. cn/zchj/qwfb/86697. htm。

构升级、产业发展层次提升”，实际上为泰国在“保持经济开放”与“摆脱依附式发展”的矛盾处境中提供一条可能的出路。

事实上，在中泰签署共建“一带一路”倡议之前，两国在经济合作上已积累了较为丰富的经验，双方在贸易、投资与货币等领域先后签署了多项协议（见表6-1）。以此为基础，不断深化中泰两国在交通、工业园等基础设施建设、全方位产能对接、金融互联互通等方面的合作，将在一定程度上助力泰国突破其在全球价值链中的地位困境。

表6-1　20世纪80年代以来中国与泰国签订的主要双边经济协定

	协定内容
1985年	《促进和保护投资协定》
1986年	《避免双重征税和防止偷漏税协定》
1997年	《贸易经济和技术合作谅解备忘录》
2003年10月	在中国—东盟自贸区框架下实施蔬菜、水果零关税安排
2009年6月	《扩大和深化双边经贸合作的协议》
2011年12月	《中泰双边本币互换协议》
2012年4月	《中泰战略性合作共同行动计划（2012—2016）》《经贸合作五年发展规划》
2014年12月	《关于在泰国建立人民币清算安排的合作谅解备忘录》，续签《双边本币互换协议》
2017年	《共同推进“一带一路”建设谅解备忘录》《战略性合作共同行动计划（2017—2021）》

资料来源：笔者自制。

第三，在国内层面强化泰国的基础设施建设，加大人才培养与技术创新投入力度，增强泰国自主实现产业转型升级的内在动力。泰国在全球价值链中的地位困境归根结底是泰国国内各项支撑条件不足的问题，这些条件的改进虽然在中短期内难以实现，但也可以作为长远的目标徐徐图之。从上文所述现状来看，泰国可以加强对基础设施（包括交通设施、工业园、智慧城市等）建设的投入，为相关制造业与服务业的发展与转型提供更加便利的条件。此外，一国提升其在全球价值链中地位的最终落脚点在于技术要素，只有自身的技术要素实力得到提升，该国才能挤进全球价值链更加高端的环节。因此，泰国政府需要更加重视人才培养与技术创新，加入教育和基础研究投入，扩大对外科技合作，不断提升本国的技术创新能力。

附录　泰国相关经济数据

附表 1　　　　2007—2020 年泰国 GDP 与 GNI 概况

	GDP（亿美元）	人均 GDP（美元）	GDP 增长率（%）	人均 GNI（美元）
2007 年	2629.43	3973.02	5.44	3837.81
2008 年	2913.83	4379.66	1.73	4219.94
2009 年	2817.11	4213.01	-0.69	4065.37
2010 年	3411.05	5076.34	7.51	4863.68
2011 年	3708.19	5492.12	0.84	5359.65
2012 年	3975.58	5860.58	7.24	5592.06
2013 年	4203.34	6168.27	2.69	5774.02
2014 年	4073.39	5951.88	0.98	5645.65
2015 年	4012.96	5840.04	3.13	5538.78
2016 年	4123.53	5978.62	3.36	5697.09
2017 年	4552.75	6578.19	4.02	6284.51
2018 年	5049.92	7273.56	4.13	6925.30
2019 年	5420.17	7784.74	2.37	7406.95
2020 年	4996.69	7158.58	-6.11	3837.81

资料来源：UNCTAD。

附表 2　　2013—2020 年泰国 GDP 结构变化　　（单位:%）

	2013年	2014年	2015年	2016年	2017年	2018年	2019年	2020年
GDP 合计	100	100	100	100	100	100	100	100
最终消费支出	68.92	69.51	68.47	66.87	65.23	65.08	65.93	70.57
家庭消费支出	52.55	52.60	51.34	50.01	48.93	48.90	49.75	52.88
政府开支	16.36	16.92	17.12	16.87	16.30	16.17	16.18	17.69
资产形成总额	27.46	23.92	22.36	21.11	22.93	25.17	23.73	23.86
货物与服务总出口	67.17	68.39	67.64	67.07	66.67	64.86	59.49	51.43
货物与服务总进口	65.29	62.51	57.20	53.50	54.22	56.02	50.14	46.50
产业增加值合计	100	100	100	100	100	100	100	100
农业	11.32	10.09	8.87	8.48	8.41	8.18	8.14	8.64
工业	36.90	36.76	36.18	35.59	35.02	34.75	33.60	33.10
服务业	51.78	53.15	54.95	55.94	56.57	57.07	58.26	58.25

资料来源：UNCTAD。

附表 3　　2013—2020 年泰国商品贸易额　　（单位：亿美元）

	贸易总额	出口额	进口额
2013 年	4782.47	2287.30	2495.17
2014 年	4555.26	2275.74	2279.52
2015 年	4171.47	2143.96	2027.51
2016 年	4099.95	2153.27	1946.68
2017 年	4594.57	2366.94	2227.63
2018 年	4329.78	2410.11	1919.67
2019 年	4832.49	2461.41	2371.08
2020 年	4388.52	2314.08	2074.44

资料来源：ASEAN。

附表 4　　2013—2020 年泰国中间产品进出口情况

年份	中间品出口额（亿美元）	中间品出口额占商品总出口额比重（%）	中间品进口额（亿美元）	中间品进口额占商品总进口额比重（%）
2013	1147.91	50	1837.16	73
2014	1125.30	49	1629.49	71
2015	1043.15	49	1416.33	70
2016	1078.65	50	1322.38	68
2017	1199.04	51	1557.51	70
2018	1271.49	50	1787.29	72
2019	1179.59	50	1501.69	69
2020	1179.77	51	1448.39	70

注：由于统计口径不一，本表格计算所得的个别年份泰国商品出口额与进口额与表 6－3 的数据略有差异。

资料来源：UN Comtrade Database。

附表 5　　1990—2018 年泰国增加值贸易主要指标及其规模

（单位：亿美元，%）

	DVX	DVA	FVA	VA_exp（DVA + FVA）	GVC（DVX + FVA）	DVA/VA_exp	FVA/VA_exp	DVX/GVC	FVA/GVC
1990 年	48.48	216.74	87.75	304.49	136.23	71.18	28.82	35.59	64.41
1991 年	60.59	276.65	98.51	375.16	159.09	73.74	26.26	38.08	61.92
1992 年	67.95	305.08	115.10	420.18	183.05	72.61	27.39	37.12	62.88
1993 年	65.73	304.07	119.45	423.52	185.19	71.80	28.20	35.50	64.50
1994 年	76.08	343.41	140.62	484.03	216.70	70.95	29.05	35.11	64.89
1995 年	98.42	419.22	204.35	623.57	302.77	67.23	32.77	32.51	67.49
1996 年	99.89	391.83	167.34	559.17	267.24	70.07	29.93	37.38	62.62
1997 年	96.92	390.16	170.43	560.59	267.35	69.60	30.40	36.25	63.75
1998 年	96.23	356.24	156.68	512.92	252.91	69.45	30.55	38.05	61.95
1999 年	104.93	392.30	168.42	560.72	273.35	69.96	30.04	38.39	61.61

续表

	DVX	DVA	FVA	VA_exp (DVA + FVA)	GVC (DVX + FVA)	DVA/VA_exp	FVA/VA_exp	DVX/GVC	FVA/GVC
2000 年	127.25	452.70	246.85	699.55	374.10	64.71	35.29	34.02	65.98
2001 年	124.63	442.31	215.39	657.70	340.03	67.25	32.75	36.65	63.35
2002 年	126.84	452.09	215.90	667.99	342.74	67.68	32.32	37.01	62.99
2003 年	159.81	545.51	259.94	805.45	419.75	67.73	32.27	38.07	61.93
2004 年	205.27	669.40	318.02	987.42	523.28	67.79	32.21	39.23	60.77
2005 年	270.18	855.97	461.66	1317.63	731.83	64.96	35.04	36.92	63.08
2006 年	351.04	1050.91	482.98	1533.89	834.02	68.51	31.49	42.09	57.91
2007 年	396.53	1166.54	540.43	1706.96	936.96	68.34	31.66	42.32	57.68
2008 年	480.59	1371.50	660.27	2031.77	1140.85	67.50	32.50	42.13	57.87
2009 年	328.45	1038.43	487.65	1526.08	816.10	68.05	31.95	40.25	59.75
2010 年	435.79	1333.58	634.20	1967.78	1069.99	67.77	32.23	40.73	59.27
2011 年	494.99	1473.41	756.84	2230.25	1251.83	66.06	33.94	39.54	60.46
2012 年	484.74	1488.18	745.08	2233.26	1229.82	66.64	33.36	39.42	60.58
2013 年	549.55	1698.60	747.48	2446.08	1297.04	69.44	30.56	42.37	57.63
2014 年	577.69	1815.71	787.73	2603.44	1365.41	69.74	30.26	42.31	57.69
2015 年	500.38	1664.34	736.39	2400.73	1236.77	69.33	30.67	40.46	59.54
2016 年	513.91	1678.71	748.84	2427.55	1262.75	69.15	30.85	40.70	59.30
2017 年	539.63	1775.82	786.26	2562.08	1325.90	69.31	30.69	40.70	59.30
2018 年	559.79	1834.74	812.11	2646.85	1371.91	69.32	30.68	40.80	59.20

注：VA_exp 是“增加值总出口（Total value added exports）”的缩略形式，GVC 指“参与全球价值链的规模（Global value added）”。DVX、DVA、FVA、VA_exp 以及 GVC 这五个指标的单位都为“亿美元”，最后四个指标的单位为“%”。

资料来源：UNCTAD-Eora Global Value Chain Database。

附表 6 **泰国参与双、多边 FTA 概况**

协议名称	启动谈判/提议时间	生效时间	备注
泰国—智利自由贸易协定	2011 年 4 月 11 日	2015 年 11 月 5 日	—
泰国—秘鲁自由贸易协定	2002 年 7 月	2011 年 12 月 31 日	—
泰国—日本经济伙伴关系协定	2004 年 2 月	2007 年 11 月 1 日	—
泰国—新西兰更紧密的经济伙伴关系协定	—	2005 年 7 月 1 日	—
泰国—澳大利亚自由贸易协定	—	2005 年 1 月 1 日	—
泰国—老挝优惠贸易协定	—	1991 年 6 月 20 日	—
东盟—澳大利亚—新西兰自由贸易协定	2005 年 2 月 21 日	2010 年 1 月 1 日	—
东盟—中国自由贸易区	2002 年 11 月 4 日	2005 年 7 月 1 日	2007 年 7 月 1 日服务贸易协定签署生效 2010 年 1 月 1 日投资协定签署生效 2016 年 9 月 30 日升级协定签署生效
东盟—中国香港自由贸易协定	2014 年 7 月 11 日	2019 年 6 月 11 日	—
东盟—印度全面经济合作协定	2004 年 3 月 7 日	2010 年 10 月 1 日	2015 年 7 月 1 日投资协定签署生效
东盟—日本全面经济伙伴关系	2005 年 4 月 14 日	2008 年 12 月 1 日	2017 年 1 月 1 日服务贸易协定签署生效 2017 年 1 月 1 日投资协定签署生效
东盟—韩国自由贸易协定	2004 年 11 月 30 日	2007 年 6 月 1 日	2009 年 5 月 1 日服务贸易协定签署生效 2009 年 6 月 1 日投资协定签署生效
东盟自由贸易区（AFTA）	—	1993 年 1 月 1 日	1998 年 8 月 12 日服务贸易协定签署生效 2010 年 5 月 17 日货物贸易协定签署生效 2012 年 2 月 24 日投资协定签署生效
泰国—土耳其自由贸易协定	2017 年 7 月	—	—

续表

协议名称	启动谈判/提议时间	生效时间	备注
泰国—斯里兰卡自由贸易协定	2018 年 7 月	—	—
泰国—巴基斯坦自由贸易协定	2015 年 9 月 27 日	—	—
泰国—欧盟自由贸易协定	2009 年	—	—
泰国—印度自由贸易区	2014 年 1 月	—	—
泰国—欧洲自由贸易联盟自由贸易协定	2005 年 10 月 15 日	—	EFTA 成员国包括：冰岛、挪威、瑞士和列支敦士登
泰国—美国自由贸易协定	2004 年 6 月	—	—
孟加拉湾多部门技术经济合作倡议（BIMSTEC）自由贸易协定	2004 年	—	孟加拉湾多部门技术经济合作倡议成员国包括：孟加拉国、不丹、印度、缅甸、尼泊尔、斯里兰卡和泰国
区域全面经济伙伴关系协定（RCEP）	2013 年 5 月 9 日	2022 年 1 月 1 日	RCEP 成员国包括：中国、日本、韩国、澳大利亚、新西兰、印度、文莱、柬埔寨、老挝、马来西亚、缅甸、印度尼西亚、菲律宾、新加坡、泰国和越南 2019 年 11 月 5 日，除印度外，其余 15 国完成谈判 2020 年 11 月 15 日签署
泰国—巴林自由贸易协定	2002 年 12 月 29 日	—	—
泰国—约旦自由贸易协定	2015 年 1 月 1 日	—	—
泰国—欧亚经济联盟自由贸易协定	2016 年	—	欧亚经济联盟成员国包括：亚美尼亚、俄罗斯、哈萨克斯坦和吉尔吉斯斯坦
泰国—哥伦比亚自由贸易协定	2013 年 7 月 12 日	—	—
泰国—韩国自由贸易协定	2003 年 8 月 23 日	—	—
泰国—南方共同市场（MERCOSUR）自由贸易协定	2006 年 3 月 11 日	—	南方共同市场成员国包括：阿根廷、巴西、巴拉圭和乌拉圭
东盟—加拿大自由贸易协定	2017 年 5 月	—	—

续表

协议名称	启动谈判/提议时间	生效时间	备注
东盟—欧亚经济联盟自由贸易协定	2016 年	—	—
东盟—巴基斯坦自由贸易协定	2009 年 8 月 13 日	—	—
东盟—欧盟自由贸易协定	2015 年 5 月 1 日	—	—
东亚自由贸易区（EAFTA）	2004 年 11 月 29 日	—	EAFTA 成员国包括：中国、日本、韩国、文莱、柬埔寨、老挝、马来西亚、缅甸、印度尼西亚、菲律宾、新加坡、泰国和越南

资料来源："The Asia Regional Integration Center"，https：//aric.adb.org/fta-country；Ministry of Commerce，Thailand，https：//www.moc.go.th/index.php/moc-english.html。

附表 7　　2019 年泰国主要贸易伙伴

泰国主要出口目的地				泰国主要进口来源地			
国家或地区	贸易额（百万美元）	同比（%）	占比（%）	国家或地区	贸易额（百万美元）	同比（%）	占比（%）
美国	31290	12.5	12.8	中国内地（大陆）	50980	1.6	21.2
中国内地（大陆）	29021	-3.4	11.8	日本	33641	-5.1	14
日本	24468	-1	10	美国	17596	16.9	7.3
越南	12060	-6.1	4.9	马来西亚	13081	-1.7	5.5
中国香港	11693	-5.8	4.8	韩国	8740	-2.1	3.6
马来西亚	10415	-9.7	4.3	中国台湾	8129	-6.4	3.4
澳大利亚	10151	-5	4.1	新加坡	7756	0.4	3.2
印度尼西亚	9046	-11	3.7	阿联酋	7538	-28	3.1
新加坡	8763	-4.7	3.6	印度尼西亚	7341	-8.2	3.1
印度	7306	-3.4	3	德国	6358	-6.5	2.7
柬埔寨	7122	-5.7	2.9	沙特阿拉伯	5830	-19.9	2.4
菲律宾	6916	-11.8	2.8	越南	5529	-3.5	2.3

资料来源：中华人民共和国商务部。

附表 8　　2013—2020 年中泰商品贸易情况　　（单位：亿美元）

	贸易总额	泰国对中国出口	泰国自中国进口
2013 年	649.56	272.38	377.18
2014 年	635.82	250.84	384.98
2015 年	648.17	237.43	410.74
2016 年	658.29	238.10	420.19
2017 年	736.70	294.33	442.37
2018 年	667.85	285.98	381.87
2019 年	795.31	291.64	503.67
2020 年	796.06	297.57	498.49

资料来源：ASEAN。

附表 9　　2019 年中泰商品进出口的商品种类构成　　（单位：%）

泰国对中国出口的前十大商品		泰国自中国进口的前十大商品	
商品类别	占比	商品类别	占比
橡胶及其制品	13.8	电机、电气、音像设备及其零附件	27.8
塑料及其制品	12.0	核反应堆、锅炉、机械器具及零件	17.9
核反应堆、锅炉、机械器具及零件	11.5	塑料及其制品	5.0
电机、电气、音像设备及其零附件	10.0	钢铁	4.9
食用水果及坚果，甜瓜等水果的果皮	7.2	钢铁制品	4.7
有机化学品	5.3	车辆及其零附件，但铁道车辆除外	2.9
车辆及其零附件，但铁道车辆除外	4.7	光学、照相、医疗等设备及零附件	2.4
光学、照相、医疗等设备及零附件	4.5	有机化学品	2.2
木及木制品，木炭	3.8	杂项化学品	2.1
矿物燃料、矿物油及其产品，沥青等	3.3	铝及其制品	2.1

资料来源：中华人民共和国商务部。

附表 10　　2013—2020 年泰国外来直接投资与对外直接投资流量　　（单位：亿美元）

	2013 年	2014 年	2015 年	2016 年	2017 年	2018 年	2019 年	2020 年
外来直接投资流量（亿美元）	154.93	48.09	56.24	24.91	78.75	111.44	30.63	-61.00
对外直接投资流量（亿美元）	116.79	55.75	16.87	123.98	138.07	153.26	83.91	167.16

资料来源：UNCTAD。

附表 11　　2013—2018 年泰国外来直接投资主要来源国家/地区及其投资流量　　（单位：亿美元）

	2013 年	2014 年	2015 年	2016 年	2017 年	2018 年
日本	109.27	24.31	30.06	29.87	32.57	56.55
中国香港	1.26	15.40	4.62	11.48	2.70	20.42
新加坡	-1.32	-5.91	4.67	19.29	17.35	17.38
荷兰	-23.00	3.53	2.51	-22.27	6.63	6.63
美国	8.57	20.23	10.83	4.39	-0.99	6.31
中国内地	9.39	-2.21	2.38	10.72	0.79	5.18
毛里求斯	-3.51	-0.20	0.79	-0.37	2.98	4.83
德国	1.82	-0.75	1.31	1.14	4.03	4.21
丹麦	1.86	-1.34	-3.59	-0.04	-3.15	3.30
韩国	7.16	2.48	1.43	0.27	1.89	2.65

资料来源：ASEAN。

参考文献

一　中文文献

爱丽：《泰国旅游业对泰国经济发展的影响》，《商场现代化》2013 年第 14 期。

曹云华、李均锁：《东盟经济共同体与“21 世纪海上丝绸之路”：竞争与合作》，《广东社会科学》2020 年第 2 期。

曹云华：《东南亚国家的资源问题和资源发展战略》，《亚太经济》1998 年第 Z1 期。

陈凤兰、陈爱贞：《RCEP 区域产业链发展机制研究——兼论中国产业链升级路径》，《经济学家》2021 年第 6 期。

樊勇明：《日本的投资与亚洲的崛起》，上海三联书店 1991 年版。

国务院发展研究中心赴泰产业政策考察团：《泰国的产业政策与经济发展》，《管理世界》1990 年第 6 期。

韩锋：《泰国经济的腾飞》，鹭江出版社 1995 年版。

黄先海、余骁：《以“一带一路”建设重塑全球价值链》，《经济学家》2017年第3期。

鞠建东、余心玎、卢冰、李昕：《全球价值链网络中的“三足鼎立”格局分析》，《经济学报》2020年第4期。

李坤望、马天娇、黄春媛：《全球价值链重构趋势及影响》，《经济学家》2021年第11期。

李巍、张玉环：《“特朗普经济学”与中美经贸关系》，《现代国际关系》2017年第2期。

李小青：《迅速发展的泰国纺织服装业》，《东南亚》2007年第1期。

李颖婷、崔晓敏：《亚洲产业链：现状、演变与发展趋势》，《国际经济评论》2021年第2期。

林丽钦：《跨国公司与泰国汽车产业集群的关系研究》，《东南亚纵横》2011年第6期。

林锡星：《开放经济政策与泰国的发展》，《东南亚研究》1998年第3期。

刘华源：《泰国发展旅游业的态势》，《国际贸易》1995年第6期。

刘志彪、吴福象：《“一带一路”倡议下全球价值链的双重嵌入》，《中国社会科学》2018年第8期。

刘志彪：《构建“一带一路”包容性全球价值链》，《全球商业经典》2019年第9期。

陆建人：《东盟 50 年：发展中国家一体化的成功典范》，《当代世界》2017 年第 6 期。

罗仪馥：《东亚产业链变迁与跨越“中等收入陷阱”——以泰国的经济发展为例》，《东南亚研究》2021 年第 1 期。

罗仪馥：《对外经济政策、产业扩张模式与经济发展——基于韩国与泰国的比较分析》，《当代亚太》2020 年第 4 期。

罗仪馥：《全球价值链重构与中国对越投资前景》，《云大地区研究》2019 年第 2 期。

马涛、陈曦：《“一带一路”包容性全球价值链的构建——公共产品供求关系的视角》，《世界经济与政治》2020 年第 4 期。

倪月菊：《RCEP 对亚太地区生产网络的影响——一个全球价值链视角的分析》，《东北师大学报》（哲学社会科学版）2021 年第 3 期。

聂慧慧：《越南：2020 年回顾与 2021 年展望》，《东南亚纵横》2021 年第 1 期。

庞珣、何倩倩：《全球价值链中的结构性权力与国际格局演变》，《中国社会科学》2021 年第 9 期。

祁广谋、钟智翔主编：《东南亚概论》，世界图书出版广东有限公司 2013 年版。

全毅：《各国 WTO 改革方案比较与中国因应策略》，

《亚太经济》2019 年第 6 期。

沈红芳：《东南亚的工业化、外国直接投资与科技进步》，厦门大学出版社 2015 年版。

盛斌：《WTO 与多边投资协定》，天津大学出版社 2003 年版。

宋怡茹、喻春娇、白旻：《中国高技术产业如何参与全球价值链重构?》，《科学学研究》2021 年第 9 期。

苏庆义：《全球价值链：测度与应用》，中国社会科学出版社 2021 年版。

唐国强、王震宇：《亚太区域经济一体化的演变、路径及展望》，《国际问题研究》2014 年第 1 期。

王勤、林少霞：《东盟国家汽车工业的发展：产业政策与跨国公司的驱动》，《云大地区研究》2019 年第 2 期。

王勤、林少霞：《泰国汽车产业的国际竞争力》，《南亚东南亚研究》2019 年第 3 期。

王勤：《东盟经济共同体建设的进程与成效》，《南洋问题研究》2015 年第 4 期。

王正毅：《边缘地带发展论：世界体系与东南亚的发展》（第二版），上海人民出版社 2018 年版。

王直、魏尚进、祝坤福：《总贸易核算法：官方贸易统计与全球价值链的度量》，《中国社会科学》2015 年第 9 期。

吴必祥：《泰国汽车产业发展的现状与前景》，《中国机电工业》2002 年第 21 期。

吴福象、段巍：《国际产能合作与重塑中国经济地理》，《中国社会科学》2017 年第 2 期。

吴天青编：《泰国的奖励投资和优惠法规》，《东南亚研究》1988 年第 4 期。

谢木兰、邹春萌：《从“走出去”到“走进去”：中日在泰国工业园区发展比较》，《云大地区研究》2021 年第 1 期。

徐斌、李燕芳：《生产要素理论的主要学派与最新发展》，《北京交通大学学报》（社会科学版）2006 年第 3 期。

徐建国、吴洪主编：《东南亚国家经济发展研究》，云南科技出版社 1988 年版。

徐清军、高波：《WTO 改革的发展议题之争及解决之道——“共同但有区别的责任”视角》，《世界经济与政治》2009 年第 12 期。

徐寿波：《技术经济学》（第三版），江苏人民出版社 1986 年版。

阎学通：《数字时代初期的中美竞争》，《国际政治科学》2021 年第 1 期。

阳镇、陈劲、李纪珍：《数字经济时代下的全球价值链：趋势、风险与应对》，《经济学家》2022 年第

2 期。
杨丹辉、渠慎宁：《百年未有之大变局下全球价值链重构及国际生产体系调整方向》，《经济纵横》2021 年第 3 期。
杨帆、程晓勇：《“普密蓬胶着”的形成与崩解——泰国近期政治乱局及未来走向剖析》，《南洋问题研究》2021 年第 4 期。
余心玎、杨军、王苒、王直：《全球价值链背景下中间品贸易政策的选择》，《世界经济研究》2016 年第 12 期。
张汉林、马凤琴：《论乌拉圭回合最后文件与发展中国家贸易发展》，《国际商务》1995 年第 4 期。
张琪：《泰国电动汽车产业的“五年区域枢纽”愿景与前景》，《中国对外贸易》2020 年第 9 期。
张兴无主编：《泰国经济》，中国经济出版社 2016 年版。
张彦：《RCEP 区域价值链重构与中国的政策选择——以“一带一路”建设为基础》，《亚太经济》2020 年第 5 期。
张宇燕：《全球化、区域化和平行体系》，《世界经济与政治》2020 年第 1 期。
张玉环：《WTO 争端解决机制危机：美国立场与改革前景》，载王缉思主编《中国国际战略评论 2019

（下）》，世界知识出版社 2019 年版。

周方冶：《泰国政治分歧及对中泰关系影响》，《当代世界》2020 年第 7 期。

［美］保罗 · R. 克鲁格曼、茅瑞斯 · 奥伯斯法尔德、马克 · J. 梅里兹：《国际经济学：理论与政策》（第十版），丁凯译，中国人民大学出版社 2016 年版。

［美］丹尼 · 罗德里克：《新全球经济与发展中国家：让开放起作用》，王勇译，世界知识出版社 2004 年版。

［英］张夏准：《富国陷阱——发达国家为何踢开梯子?》，蔡佳译，社会科学文献出版社 2020 年版。

二　英文文献

Christine Zhenwei Qiang, Yan Liu and Victor Steenbergen, "An Investment Perspective on Global Value Chains", Washington D. C.: World Bank Publications, 2021.

David K. Wyatt, *Thailand: A Short History*, New Haven and London: Yale University Press, 1984.

Ikuo Kuroiwa, "The Automotive Value Chain in Thailand", Working Papers DP-2016-33, Economic Research Institute for ASEAN and East Asia (ERIA), 2017.

Jeffrey Neilson, Bill Pritchard and Henry Wai-chung Yeung, "Global Value Chains and Global Production Networks in the Changing International Political Economy: An

Introduction", *Review of International Political Economy*, Vol. 21, No. 1, 2014.

Joonkoo Lee, "Global Commodity Chains and Global Value Chains", in Robert A. Denemark ed., *The International Studies Encyclopedia*, Oxford: Wiley Blackwell, 2010.

Kevin Hewison, "Resisting Globalization: A Study of Localism in Thailand", *The Pacific Review*, Vol. 13, No. 2, 2000.

Kiyoshi Kojima, "The 'Flying Geese' Model of Asian Economic Development: Origin, Theoretical Extensions and Regional Policy Implications", *Journal of Asian Economics*, Vol. 11, Issue 4, 2000.

Nitsan Chorev, "The Institutional Project of Neo-liberal Globalism: The Case of the WTO", *Theory and Society*, Vol. 34, No. 3, 2005.

Peter Wad, "The Automobile Industry of Southeast Asia: Malaysia and Thailand", *Journal of the Asia Pacific Economy*, Vol. 14, No. 2, 2009.

Petra Desatova, "Thailand 4.0 and the Internal Focus of Nation Branding", *Asian Studies Review*, Vol. 42, Issue 4, 2018.

Razeen Sally, "Thai Trade Policy: From Non-discriminatory Liberalisation to FTAs", *The World Economy*, Vol. 30,

Issue 10, 2007.

Richard F. Doner, Gregory W. Noble and John Ravenhill, *The Political Economy of Automotive Industrialization in East Asia*, New York: Oxford University Press, 2021.

Richard F. Doner, *The Politics of Uneven Development: Thailand's Economic Growth in Comparative Perspective*, Cambridge: Cambridge University Press, 2009.

Robert Koopman, Zhi Wang and Shang-Jin Wei, "Tracing Value-Added and Double Counting in Gross Exports", *American Economic Review*, Vol. 104, No. 2, 2014.

Robert Wade, *Governing the Market: Economic Theory and the Role of Government in East Asian Industrialization*, Princeton: Princeton University Press, 1990.

Rosady, "An Analysis of Thai Rice Model", *Kasetsart Journal: Social Sciences*, Vol. 14, No. 2, 1993.

Suphat Suphachalasai, *Thailand's Clothing and Textile Exports*, Singapore: Institute of Southeast Asian Studies, 1994.

Timothy Sturgeon et al., "The Philippines in the Automotive Global Value Chain", Center on Globalization, Governance & Competitiveness, Duke University, May 2016.

Worawan Chandoevwit, "Thailand's Grass Roots Policies", *TDRI Quarterly Bulletin*, Vol. 18, No. 2, 2003.

罗仪馥，现为中国社会科学院世界经济与政治研究所助理研究员。博士毕业于中国人民大学国际关系学院，专业为国际政治经济学。目前主要研究领域为国际政治经济学、跨国产业链、亚太区域经济合作、东亚政治与经济等。近几年在《世界经济与政治》《当代亚太》《外交评论》《东南亚研究》等期刊发表学术论文十余篇，出版《对外经济联系与国家影响力》（2018 年，第二作者）与《“一带一路”国别研究：越南外来直接投资发展报告》（2020 年，独立作者）两部作品，参与编著《中国经济外交蓝皮书》系列报告等。